thèmes & ét

collection diri

et Bernard Valette

Initiation
à la stylistique

Claire STOLZ
Maître de conférences
à l'Université de Paris IV-Sorbonne

ISBN 978-2-7298-3060-1

www.editions-ellipses.fr

Première partie

SITUATION DE LA STYLISTIQUE :
DÉLIMITATION DU CHAMP

Ivanka Ezhova

Nbanka Ejcoba

N.B. : Les références complètes des ouvrages cités se trouvent réunies dans la bibliographie p. 210-216.

1

Aperçus historiques sommaires : une discipline aux directions multiples

Les lignes qui suivent vont présenter un panorama rapide des théories et des pratiques qui ont construit l'histoire de la stylistique ; il s'agit d'un exposé non à but archéologique, mais destiné à faire mieux comprendre les exercices stylistiques, car leurs exigences sont les héritières de cette histoire ; nous soulignerons donc les éléments utiles et utilisables pour la pratique de l'étude stylistique.

Cette histoire commence à l'aube du XXe siècle, avec l'œuvre de Charles Bally ; la naissance de la stylistique est d'abord due au déclin d'une discipline reine pendant des siècles, la rhétorique ; celle-ci est déclarée pédante, élitiste et contraire à la créativité individuelle ; elle est finalement chassée des programmes des lycées en 1902. Parallèlement, les progrès des études linguistiques, et particulièrement l'influence de Saussure sont déterminants dans la recherche d'une stylistique qui, contre la rhétorique, revendique le statut de science.

I. L'héritage de la grammaire : Bally, Marouzeau, Cressot

La stylistique contemporaine est née de la grammaire ou plus exactement d'une rébellion d'un grammairien philologue contre la conception normative de la stylistique qui régnait depuis le XVIIe siècle, et qui avait pris une importance démesurée à la fin du XIXe siècle et au début du XXe siècle : on voyait fleurir les recueils de « ne dites pas » / « dites » et les manuels, tel le célèbre *Art d'écrire en vingt leçons* d'A. Albalat, qui tentaient d'enseigner les « recettes » stylistiques des grands écrivains.

Charles Bally (1865-1947) est un élève du linguiste suisse Ferdinand de Saussure (1857-1913), fondateur en Europe de la linguistique structurale qui révolutionna les études de la langue.

La linguistique de Saussure

Abandonnant la perspective diachronique prédominante à l'époque dans l'étude des langues, Saussure considère la langue en synchronie comme un système — en gros une série d'oppositions permettant de discriminer les signes.

Le signe, fondamentalement biface, comporte un signifiant (Sa) — pour le mot, sa forme sonore ou visuelle (son image acoustique ou graphique) — et un signifié (Sé), le sens du mot dans le dictionnaire, en langue (un concept).

Il oppose la langue, entité abstraite, et la parole qui l'actualise, en renvoyant à un objet du monde précis (ce peut être une abstraction, une idée, aussi bien qu'un objet concret), appelé référent ; il ne conçoit donc plus le langage comme opposé à la pensée, mais comme consubstantiel à la pensée. En même temps, il affirme l'arbitraire du signe : le signifiant n'est jamais motivé par le signifié ou par le référent (même les onomatopées tels les cris d'animaux présentent des signifiants différents d'une langue à l'autre : le coq français claironne « cocorico », quand son confrère allemand réveille la basse-cour d'un vibrant « kikeriki »…).

La parole se crée grâce à une série de choix : d'une part, parmi des termes grammaticalement équivalents (sélection sur l'axe paradigmatique : par exemple choix de tel adjectif à la place de tout autre ou à la place d'une relative ou d'un CDN déterminatif), d'autre part parmi les diverses possibilités d'organisation linéaire des termes choisis (sélection sur l'axe syntagmatique : par exemple choix d'une construction S-V-COD-CC au lieu d'une construction V-S ou S-V, etc.).

Saussure, après avoir opposé langue et parole, voue la linguistique à l'étude de la langue.

Bally fonde une nouvelle stylistique, qui se veut scientifique, descriptive et non plus normative : elle a pour ambition de recenser les ressources stylistiques de la langue, afin de créer une stylistique comparée des différentes langues, chacune possédant, selon lui, des moyens divers pour exprimer une idée : c'est une stylistique de l'expression. De plus, chaque procédé d'expression est censé produire un effet sur le récepteur, d'où une seconde dénomination attachée à cette méthode, celle de **stylistique des effets**. Enfin, Bally refuse d'étudier des textes littéraires, parce que les écrivains utilisent la langue de manière « volontaire et conscient(e) » et ont un but avant tout esthétique ; or, l'objectif de sa recherche, c'est d'étudier la manière dont une langue — et non une parole[1] — exprime l'affectivité.

---

1. Cette prise de position est à comprendre dans un contexte intellectuel acceptant comme une doxa l'affirmation de Buffon : « Le style est l'homme même », qui pose le style comme un phénomène strictement individuel.

Définition de la stylistique selon Charles Bally

« La stylistique étudie les moyens d'expression dont dispose une langue, les procédés généraux employés par elle pour rendre par la parole les phénomènes du monde extérieur aussi bien que les idées, les sentiments et en général tous les mouvements de notre vie intérieure.

Elle observe les rapports qui existent dans une langue donnée entre les choses à exprimer et leur expression : elle cherche à déterminer les lois et les tendances que suit cette langue pour arriver à l'expression de la pensée sous toutes ses formes.

Elle recherche enfin une méthode propre à faire découvrir ces moyens d'expression, à les définir, à les classer, et à en montrer l'emploi. » (*Précis de stylistique*, 1905)

L'œuvre de Bally fut fondatrice ; mais l'opposition, radicale pour lui, entre stylistique et style (littéraire), est rapidement mise en cause par ses successeurs J. Marouzeau (*Précis de stylistique française,* 1946) et M. Cressot (*Le Style et ses techniques,* 1947). Ils réintègrent la littérature dans le champ d'étude de la stylistique, et s'en expliquent ainsi :

> Pour nous l'œuvre littéraire n'est pas autre chose qu'une communication, et toute l'esthétique qu'y fait rentrer l'écrivain n'est en définitive qu'un moyen de gagner plus sûrement l'adhésion du lecteur. Ce souci y est peut-être plus systématique que dans la communication courante, mais il n'est pas d'autre nature. Nous dirions même que l'œuvre littéraire est par excellence le domaine de la stylistique précisément parce que le choix y est plus « volontaire » et plus « conscient ». (*Le Style et ses techniques*, p. 17)

La technique d'investigation, le corpus d'étude ont changé, mais non point les buts fixés par Bally et auxquels Cressot affirme sa fidélité :

> En passant, la stylistique pourra dresser de la manière d'écrire d'un littérateur un tableau exact et probant, mais son but véritable, que déjà l'on entrevoit peut-être, est plus vaste et plus lointain : déterminer les lois générales qui régissent le choix de l'expression et, dans le cadre plus réduit de notre idiome, le rapport de l'expression française et de la pensée française. (*Le Style et ses techniques*, p. 18)

Cette tradition philologique fait aussi de la stylistique un instrument permettant de déterminer avec plus de certitude les auteurs d'œuvres anonymes : c'est la stylistique d'attribution.

À l'issue de cette période, la stylistique est donc fermement installée dans le domaine des études de langue (grammaire et linguistique) et voit dans le texte littéraire un objet d'observation exemplaire pour la compréhension des mécanismes de la langue.

Le style ou plus précisément le fait stylistique se définit comme un **écart** par rapport à une norme. Naturellement ne tardera pas à se poser la question de la définition de cette norme.

II. Le cercle philologique de Leo Spitzer

Leo Spitzer (1887-1960) est un philologue viennois qui possède une très fine culture à la fois linguistique et littéraire. Il ne théorisa guère, mais produisit des *Études de style* (Tr. fr. Gallimard, 1970) restées célèbres. Contrairement à Bally, Spitzer se donne pour objet l'étude du style individuel des écrivains. Sa méthode est fondée sur une très grande intimité avec les œuvres et avec l'histoire littéraire ; le stylisticien relève alors un détail récurrent, de nature linguistique, à partir duquel il construit une hypothèse herméneutique[1] sous la forme d'une impression esthético-psychologique, par exemple « l'effet de sourdine chez Racine » ; enfin, il recherche les faits linguistiques qui lui semblent participer à cet effet ; il trouve par exemple la « désindividualisation par l'article indéfini », le « démonstratif de distance » ou bien encore le « il (elle) objectivant » et vérifie ainsi son hypothèse

---

1. C'est-à-dire d'interprétation ; Spitzer veut s'inspirer des méthodes utilisées dans les recherches philologiques qui reconstruisent les étymologies.

interprétative. On le voit, la méthode est fondée sur des allées et venues entre l'induction et la déduction, entre une hypothèse et sa démonstration : on part d'un fait linguistique grâce auquel on construit une hypothèse herméneutique que l'on vérifie ensuite par d'autres faits linguistiques ; d'où le nom de « cercle philologique » donné par Spitzer lui-même.

Son influence est immense, car contrairement à Bally et à ses disciples qui donnaient comme but à la stylistique — littéraire ou non —, une meilleure connaissance de la langue, il met la linguistique, par le biais de la stylistique, au service d'une meilleure connaissance de la littérature ; même si la méthode de Spitzer ne trouvera guère de véritables épigones, son but fondamental, « l'unité dernière de la linguistique et de l'histoire littéraire » (*Études de style*, p. 45) participe à l'horizon des exercices universitaires et de la plupart des recherches stylistiques contemporaines.

La méthode de Spitzer

À propos de l'œuvre de Ch.-L. Philippe, Spitzer expose sa méthode :

« Quand je lisais des romans français modernes, j'avais pris l'habitude de souligner les expressions dont l'écart me frappait par rapport à l'usage général ; et souvent, les passages ainsi soulignés semblaient une fois réunis prendre une certaine consistance. Je me demandais si on ne pouvait pas établir un dénominateur commun pour toutes ces déviations ou presque : ne pourrait-on pas trouver le radical spirituel, la racine psychologique des différents traits de style qui marquent l'individualité d'un écrivain, comme on a pu trouver la racine commune de formations verbales bien capricieuses ? [...] On retrouve ici ce mouvement de va-et-vient qui est un fondement, nous l'avons vu, des disciplines humanistes ; nous avons d'abord regroupé certaines expressions de la causalité qui nous avaient frappé chez Ch.-L. Philippe, puis nous en avons cherché l'explication psychologique, enfin nous avons essayé de vérifier s'il y avait concordance entre l'élément de motivation « pseudo-objective » et ce que d'autres sources nous

> apprenaient sur l'auteur. [...] On suppose ici qu'un auteur est une sorte de système solaire qui tient sur son orbite toutes sortes de choses : langue, motivation, intrigue, ne sont que des satellites d'une entité mythologique (comme diraient mes adversaires antipsychologistes) : mens philippina. » (*Études de style*, p. 54 et 56-57)

Avec Leo Spitzer, la stylistique met la science linguistique au service d'une meilleure connaissance de la « parole » au sens saussurien ; cependant, la part accordée à l'intuition dans la détermination de l'hypothèse herméneutique a suscité de nombreuses critiques sur la validité scientifique de cette démarche.

III. La stylistique des genres

Toujours dans la mouvance de la tradition philologique, un autre pan de la recherche s'est attaché à montrer les caractéristiques langagières d'un genre ; cette tendance a été illustrée par le livre de Pierre Larthomas, *Le Langage dramatique, sa nature, ses procédés* (1972). Il s'agit de définir d'une part la spécificité d'un genre et d'autre part son unité par-delà sa diversité :

> On peut donc parler selon nous du langage dramatique, en supposant avec raison que des œuvres très différentes utilisent le même langage qui, de ce fait, a un certain nombre de caractères universels en dépit des différences de forme, d'époques et d'effets. (p. 12)

L'auteur étudie de manière très claire les éléments paraverbaux du langage dramatique tels que les notations des gestes, les indications de décor, la structure de la pièce en actes, scènes, tableaux, le temps ; les éléments verbaux, tels que les accidents et déformations du langage, les enchaînements entre répliques ou entre scènes, l'unité et les ruptures de ton, le rythme, la structure de la phrase ; quelques formes du langage dramatique tels le monologue, l'aparté ou la tirade ; les personnages et leurs langages. Enfin, l'ensemble du livre est parcouru par une vaste réflexion sur ce que l'auteur appelle « le pensé, le dit et l'écrit », c'est-à-dire sur l'énonciation[1] théâtrale.

La perspective générique est une des plus fécondes sur le plan des « entrées » dans le texte utilisables pour les exercices de stylistique ; elle aide à mesurer la singularité d'un texte et à le resituer dans le contexte littéraire ; elle est particulièrement attentive à la spécificité des énonciations littéraires, d'une part par opposition à l'énonciation non littéraire et d'autre part pour dresser une sorte de typologie par genre des différentes énonciations littéraires. De ce point de vue, on opposera notamment le théâtre, la poésie lyrique, la poésie épique, le roman, l'autobiographie, le genre épistolaire, les mémoires ; chacun de ces genres connaît des sous-catégorisations : ainsi, le théâtre recouvre comédie, tragédie, drame, etc. ; le roman connaît de multiples variantes comme le roman épistolaire (différent du genre épistolaire pratiqué dans les correspondances littéraires non fictionnelles), le conte ou la nouvelle ; enfin certaines œuvres sont plus difficiles à classer dans une catégorie générique bien close : ce sont, par exemple, *Les Caractères* de La Bruyère, les *Pensées* de Pascal ou les articles de l'*Encyclopédie*. Bref, une telle orientation stylistique, loin d'être sclérosée et de reconduire des catégories toutes faites, est au contraire extrêmement stimulante pour l'étudiant et constitue l'une des préoccupations de la recherche actuelle[2].

---

1. Nous reviendrons ultérieurement en détail sur la notion d'énonciation. Disons ici, très rapidement, que l'énonciation s'oppose à l'énoncé comme la production (d'un acte verbal) à un produit fini (l'acte verbal lui-même) ; l'énonciation laisse dans l'énoncé des traces importantes de son activité.
2. La stylistique des genres rejoint en effet les préoccupations de la stylistique sérielle, qui élargit la notion de genre à celle de « séries » de textes partageant des déterminations communes dont il faut faire une typologie.

IV. La stylistique structurale

Le structuralisme connaît un regain d'intérêt dans les années 60 avec la découverte des travaux de Propp sur les contes russes et avec les travaux de Lévi-Strauss sur les mythes amérindiens ; à partir de là, tout un groupe de chercheurs va essayer d'appliquer les méthodes de la linguistique structurale à l'étude des textes. Le plus célèbre d'entre eux est Roman Jakobson qui, parmi les fonctions du langage, distingue la « **fonction poétique** », c'est-à-dire proprement littéraire, esthétique. Cette « **littérarité** » rend compte du sentiment de clôture autarcique donné par l'œuvre littéraire : contrairement aux autres types d'énoncés elle semble se suffire à elle-même, n'avoir d'autre but qu'elle-même, être une structure totale.

Jakobson et l'analyse de la communication linguistique

Pour Jakobson, toute communication verbale s'analyse comme un **message** ayant pour auteur un **destinateur (locuteur)**, qui l'a créé à l'intention d'un **destinataire** ; ce message est produit dans un certain **contexte** linguistique ou extralinguistique ; le message utilise un **code**, et un moyen de transmission appelé **contact**.

Six **fonctions** sont attachées à ces divers postes de la communication linguistique :

– fonction émotive (ou expressive) : expression du JE du locuteur (la subjectivité de l'énonciation ;

– **fonction conative** : tous les éléments tendant à produire un effet sur le destinataire, à orienter sa réaction (cette notion rejoint ce que la pragmatique   appelle l'**illocutoire**) ;

– **fonction référentielle** : tous les éléments qui renvoient au contexte ou qui ont une pure visée informative (domaine de la **dénotation**) ;

– **fonction phatique** : tout élément visant à assurer le contact (le « allô » du   téléphone) ;

> – **fonction métalinguistique** : tout élément glosant les termes du message (« pour   ainsi dire »), le mot X signifie... », etc. ; elle affecte donc le code ;
> – **fonction poétique** : elle affecte le message lui-même ; elle domine évidemment l'énoncé littéraire.

La définition de la fonction poétique repose sur une conception du langage selon laquelle il existe « deux modes fondamentaux d'arrangement utilisés dans le comportement verbal : la *sélection* et la *combinaison.* » (*Éléments de linguistique générale,* t. 1, p. 220)

L'**axe de la sélection**, dit aussi axe paradigmatique, consiste dans le choix d'un mot dans un stock de termes équivalents d'un point de vue grammatical et/ou d'un point de vue sémantique (par exemple, choix parmi les termes noms communs et/ou désignant des animaux) : l'axe paradigmatique repose sur une contrainte, qui est le critère d'**équivalence** (le choix se fait dans le stock d'une catégorie de mots reconnus comme présentant une certaine équivalence). L'**axe de la combinaison**, dit aussi axe syntagmatique, consiste dans le choix d'une combinaison syntaxique (par exemple, caractériser le nom par une expansion adjectivale, ou bien le prédiquer grâce à un verbe) : l'axe syntagmatique repose sur une contrainte, qui est le critère de **contiguïté** (on ne peut pas mettre n'importe quel type de mot après le nom).

> La fonction poétique projette le principe d'équivalence de l'axe de la sélection sur l'axe de la combinaison. L'équivalence est promue au rang de procédé constitutif de la séquence. En poésie, chaque syllabe est mise en rapport d'équivalence avec toutes les autres syllabes de la même séquence. (*Éléments de linguistique générale,* t. 1, p. 220)

La fonction poétique implique que les mots soient choisis en fonction de la combinatoire phonique qu'ils constituent dans le syntagme (retour périodique des mêmes phonèmes) ; cette priorité accordée à la combinatoire phonique est également productrice de sens (pensons au vers de Racine :

« Pour qui sont ces serpents qui sifflent sur nos têtes ? » ou
bien à celui d'Apollinaire : « Bergère ô tour Eiffel le troupeau
des ponts bêle ce matin »). Ce principe de réitération peut
prendre la forme de répétitions de sons, de mots, de phrases,
de structures (les parallélismes et les paronomases jouent un
rôle fondamental dans la poétique jakobsonienne).

La pensée de Jakobson nourrit la réflexion critique des
années 60 et 70, notamment en la personne de Roland
Barthes qui définit la littérature par la prédominance de la
connotation sur la dénotation et par le refus d'utiliser la
langue à des fins référentielles (c'est le refus de « l'effet de
réel ») : la littérature n'est que langage et, de ce point de vue,
une approche rhétorique est réhabilitée. Autre épigone,
Michaël Riffaterre, dans ses *Essais de stylistique structurale*,
orienta nettement la stylistique vers une stylistique de la
réception (et non plus une stylistique des effets) en créant le
concept d'« archilecteur » représentant une sorte de somme
abstraite de tous les lecteurs potentiels.

V. Stylistique et sémiotique

L'importance accordée à l'approche sémiotique du phénomène littéraire[1] permet depuis les années 80 un renou-
veau théorique certain de la stylistique. Nous reviendrons
plus en détail dans un chapitre ultérieur sur les travaux des
deux principaux stylisticiens à l'origine de ce mouvement,
Philippe Hamon et Georges Molinié ; ne seront exposés ici
que les postulats sémiotiques qu'ils utilisent.

---

1. Par exemple dans les travaux de l'Italien Umberto Eco et des Français
   A. J. Greimas et J. Courtès.

La sémiotique

Le terme de sémiotique est à resituer par rapport à deux autres termes, **sémantique** et **sémiologie**. Le sens de ces mots a considérablement varié d'un auteur à l'autre au cours de l'histoire de la linguistique ; aujourd'hui, il s'est à peu près stabilisé comme suit :
– la sémantique est la science de la signification linguistique ;
– la sémiologie est la science des codes qui gèrent la vie sociale (le système linguistique en est un, les règles de politesse en sont un autre) ; le terme est également parfois utilisé par G. Molinié pour désigner le système de codage lui-même ;
– la sémiotique est la science générale de tous les signes, linguistiques ou non, sociaux ou non.

Philippe Hamon définit son projet stylistique comme « une sémiotique générale de cette signature individuelle qu'est le style. » (« Stylistique de l'ironie » in G. Molinié et P. Cahné, *Qu'est-ce que le style ?*, p. 150). C'est ainsi que le chercheur aborde de façon novatrice les textes descriptifs[1] et le phénomène de l'ironie littéraire[2], pratiquant une sémiotique des formes littéraires, qui se constitue essentiellement, mais pas uniquement, grâce à l'étude des postes (ou des postures) d'énonciation.

Pour G. Molinié, le point de départ est encore une fois le structuralisme :

> On pose le postulat suivant : une manière littéraire est le résultat d'une structure langagière. Décrire une structure langagière, c'est démonter les éléments qui la composent, mais auxquels elle ne se réduit pas, et mettre au jour les diverses grilles qui organisent ces éléments. [...] La pratique de la stylistique ne peut donc être que structurale. (*Éléments de stylistique*, p. 12)

La stylistique s'efforce de cerner la « littérarité » — terme créé par Jakobson — ou plus exactement la « littérarisation »

---

1. Dans *L'Analyse du descriptif*, Hachette, 1981, repris sous le titre *La Description*.
2. Dans *L'Ironie littéraire, essai sur les formes obliques de l'écriture*, Hachette, 1996.

— terme préféré par G. Molinié — d'un texte, c'est-à-dire les traits et la combinaison de traits qui suscitent chez le lecteur l'identification du texte comme étant œuvre littéraire. De ce point de vue, le lien de la stylistique avec la sémiotique est très fort, si bien qu'on peut considérer la stylistique comme « une sémiotique du littéraire » :

> La sémiotique, dans son esprit, s'attache aux structures fonda-mentales de la représentativité contextuelle[1] — c'est le stylisticien qui la commente ainsi. La substance du contenu[2] n'est donc pas considérée idéalement, mais en fonction des formes occurrentes possibles, lesquelles ne sont réalisables que dans la forme de l'expression (et aussi, bien sûr, à travers la forme du contenu) : la matière stylistique est donc proche. Et la question de la représentativité contextuelle est LA question de la significativité[3] de telle ou telle littérarité. (*La Stylistique,* coll. « Que sais-je ? », p. 67)

La stylistique devient alors une sémiostylistique, théorie littéraire et méthode d'approche des textes sur laquelle nous aurons à revenir plus en détail dans un chapitre ultérieur.

Conclusion

Ces quelques pages ont donné une vue à peu près chro-nologique des principales étapes de l'histoire de la stylis-tique, afin de mieux faire comprendre les lignes de cohé-rence d'une discipline qui s'est constituée en réalité plus par strates additionnelles que par de véritables ruptures ; du

---

1. C'est-à-dire aux représentations mentales suscitées par le signe dans son contexte.
2. Termes empruntés au philosophe Hjelmslev : la forme de l'expression comprend les éléments de l'écriture relevant de ce que la rhétorique classique appelle l'élocution (voir Chap. 2, p. 30) ; la forme du contenu comprend les éléments de l'écriture relevant des genres (au sens très large du terme). Ces deux concepts s'opposent à celui de « substance du contenu » qui désigne les idées, l'histoire, bref le contenu de l'œuvre.
3. C'est-à-dire de la manière dont se construit pour le lecteur la significa-tion d'un texte.

moins, quand ruptures il y a eu, étaient-elles progression dans un sens cohérent.

Cependant, la discipline, ses enjeux et ses méthodes suscitent des débats toujours passionnés : ainsi, Henri Meschonnic se situe-t-il en dehors de la mouvance structuraliste jakobsonienne, refusant notamment de voir dans la répétition et les parallélismes le centre de la littérarité ; d'autres tentent de récupérer la stylistique dans la linguistique générale et, par un certain retour aux sources, conçoivent une stylistique plutôt appliquée à des objets non artistiques.

Le bilan est de deux ordres : d'une part, la stylistique littéraire est fermement ancrée du côté de la linguistique et de la philosophie du langage ; d'autre part, l'orientation sémiotique de la stylistique contemporaine, en unissant la conception purement esthétique de l'art et son caractère de phénomène social, contribue à assurer la spécificité de la discipline par rapport aux études littéraires d'un côté et à la linguistique générale de l'autre.

Enfin et surtout, de ces longues batailles, la stylistique semble avoir gagné le droit épistémologique d'exister, non seulement dans les épreuves universitaires, mais aussi dans la pratique scolaire et dans les recherches littéraires.

L'histoire de la stylistique à travers les livres

Ferdinand de SAUSSURE, *Cours de linguistique générale*, Payot, 1972.

Charles BALLY, *Précis de stylistique*, Georg, 1970 et *Traité de stylistique française*, Klincksieck, 1951.

Jules MAROUZEAU, *Précis de stylistique française*, Paris, Masson, 1946.

Marcel CRESSOT (et Laurence JAMES pour la dernière édition), *Le Style et ses techniques*, Paris, 1er éd. 1947, dernière rééd. 1991.

Leo SPITZER, *Études de style*, Tr. fr. Gallimard, 1970.

Pierre LARTHOMAS, *Le Langage dramatique*, 1er éd. Colin, 1972, 3e éd. PUF, 1990.

Roman JAKOBSON, *Essais de linguistique générale*, Minuit, tome 1, 1963 et tome 2, 1973. [Signalons également une étude sur le sonnet de Baudelaire *Les Chats*, parue en 1962 dans la revue *L'Homme* et cosignée avec Claude LÉVI-STRAUSS, qui suscita des débats passionnés].

Vladimir PROPP, *Morphologie du conte*, Tr. fr., Seuil, 1970.

Roland BARTHES, *Le Degré zéro de l'écriture*, Seuil, 1953, et *L'Aventure sémiologique*, Seuil, 1985. [Ce dernier ouvrage reprend des articles essentiels : « Éléments de sémiologie », « L'ancienne rhétorique » et « Introduction à l'analyse structurale des récits »].

Michaël RIFFATERRE, *Essais de stylistique structurale*, Flammarion, 1971.

Joseph COURTÈS, *Introduction à la sémiotique narrative et discursive*, Hachette, 1976.

Umberto ECO, *L'Œuvre ouverte*, Tr. fr. Seuil, 1965, rééd. 1979, et *Lector in fabula, le rôle du lecteur ou la coopération interprétative dans les textes narratifs*, Tr. fr. Grasset, 1985.

Philippe HAMON, *L'Analyse du descriptif*, Hachette, 1981, repris en 1993 chez le même éditeur sous le titre *Du descriptif*, et *L'Ironie littéraire, essai sur les formes de l'écriture oblique*, Hachette, 1996.

Georges MOLINIÉ, *Éléments de stylistique*, PUF, 1986.

Georges MOLINIÉ et Pierre CAHNÉ (sous la direction de), *Qu'est-ce que le style ?*, PUF, 1994.

Henri MESCHONNIC, *Critique du rythme, Anthropologie historique du langage*, Lagrasse, Verdier, 1982.

2

Disciplines entrant dans le champ de la stylistique

La stylistique appréhendant le texte comme une forme-sens et cherchant à mener une étude linguistique de la singularité littéraire, il n'est pas étonnant qu'elle ait besoin de nombreux moyens d'investigation pris dans les champs linguistiques et littéraires.

Le présent chapitre va tenter de donner à l'étudiant stylisticien le descriptif de la « boîte à outils » dont il a besoin pour son travail, autrement dit les diverses perspectives (pour ne pas reprendre le terme de « grille », trop carcéral à notre goût) qu'il a intérêt à envisager quand il étudie un texte. L'ordre dans lequel on va traiter de ces disciplines ne reflète pas une quelconque hiérarchie, mais plutôt un certain pragmatisme pédagogique.

Le premier de ces outils, que ce soit sur le plan de l'histoire de la discipline ou de la manière dont elle est enseignée et proposée aux candidats (notamment aux concours de recrutement), c'est sans doute la grammaire. La seconde racine de la stylistique est la rhétorique. La troisième discipline que nous parcourrons sera la poétique ; puis nous aborderons les disciplines de la linguistique, et pour finir (mais encore une fois, ce n'est pas un classement axiologique), la sémiotique.

I. La grammaire

Le plus souvent, l'enseignement et les épreuves de stylistique sont couplés avec de la grammaire. Les rapports de concours insistent sur l'avantage qu'il y a pour le candidat à traiter d'abord la grammaire, et ensuite la stylistique, la question de grammaire donnant des entrées dans le texte, des points d'accrochage de type formel : ainsi une étude des pronoms personnels demandée en grammaire amènera tout naturellement à s'interroger sur la place et la distribution des diverses personnes et sur le statut énonciatif, voire générique, du texte. On voit aussi tout le parti stylistique que l'on peut tirer d'une analyse grammaticale des modes et des temps des verbes. De même, une étude syntaxique des subordonnées facilite une analyse stylistique de la phrase.

Tout cela va de soi. Mais c'est aussi le type de regard porté sur le texte qui est rendu fécond par la grammaire : en effet, l'analyse grammaticale traite le texte d'un point de vue qui se veut exclusivement formel, comme un ensemble de structures linguistiques. Or, on s'aperçoit très vite que le regard grammatical amène à s'interroger avec précision sur le sens de telle ou telle phrase, l'interprétation grammaticale se révélant alors intimement liée à l'interprétation sémantique. Certains écrivains cultivent cette ambiguïté : on connaît les effets que peuvent tirer un Apollinaire de la suppression de la ponctuation (par exemple on ne sait plus très bien à quel substantif rapporter tel ou tel adjectif), ou un Claude

Simon de l'utilisation juxtaposée et sans fin de participes présents (on aboutit à un brouillage des relations temporelles et causales par une sorte d'abolition de la chronologie relative). Réciproquement, la sémantique grammaticale est une dimension capitale de la grammaire : le positionnement de l'écriture d'un texte par rapport à ces éléments de sémantique grammaticale est alors une piste importante pour le commentaire stylistique.

Enfin, l'étude stylistique étant avant tout une étude de la langue, elle ne peut se contenter d'à-peu-près dans la terminologie grammaticale : ainsi, il serait très mal venu de confondre diverses catégories grammaticales, par exemple les adverbes et les prépositions, ou les adjectifs verbaux et les participes présents, tout simplement parce que ces confusions ont des implications herméneutiques[1] très importantes : ainsi, le participe présent exprime un procès, alors que l'adjectif verbal, pur adjectif, exprime une qualité.

C'est pourquoi des connaissances solides en grammaire sont nécessaires pour faire un bon commentaire stylistique : le stylistique s'articule au grammatical.

Les chapitres les plus utiles sont ceux consacrés à l'énonciation, au verbe (voix, temps, aspects, modes, transitivité), à l'adjectif (notamment l'opposition entre adjectif qualificatif et adjectif relationnel), aux déterminants (en particulier les règles d'emploi des articles), aux modalités (phrase assertive, interrogative, jussive, exclamative) et aux subordonnées.

II. La rhétorique

On a déjà évoqué dans le premier chapitre les relations à la fois de filiation et de conflit existant entre stylistique et rhétorique.

---

1. « Qui a pour objet l'interprétation des textes » *(Le Petit Robert)*.

Dans la pratique de la stylistique, la rhétorique est un des outils essentiels à maîtriser. On ne trouvera pas ici un exposé systématique à propos de cette discipline[1], mais une présentation d'éléments utiles à connaître et à utiliser dans un commentaire stylistique. Deux aspects nous intéressent particulièrement : bien entendu, les fameuses **figures de rhétorique**, sur lesquelles nous reviendrons dans la suite de cet ouvrage, et d'autre part la **typification oratoire** que nous allons parcourir ici.

▶ Les genres oratoires

Il s'agit de la tripartition oratoire opérée par Aristote dans sa *Rhétorique* entre **éloquence judiciaire, éloquence épidictique (ou démonstrative)** et **éloquence délibérative**. Même si le texte étudié en stylistique n'est pas un discours au sens traditionnel du terme, toute œuvre littéraire cherche à séduire le lecteur : en cela, elle répond entièrement à la définition de l'art oratoire.

La typification oratoire est utile chaque fois que l'on a un dialogue ou un monologue de type dramatique (même s'il s'agit d'un extrait de roman) ; mais elle peut aussi être utile pour considérer n'importe quel texte un tant soit peu argumentatif. La première question à se poser est alors : « De quoi veut persuader celui qui parle (ce peut être un personnage ou bien un narrateur) ? »

Le discours de type **judiciaire** se caractérise par une narration au passé portant sur le vrai et le faux, et cherchant à nous persuader que tel personnage (réel ou fictif) est coupable ou non ; on a souvent pu aborder l'art romanesque de ce point de vue : un des cas les plus flagrants et les plus troublants de la littérature est sans doute celui de Julien Sorel

---

1. Faute de place, et étant donné leur difficulté, seront laissés de côté notamment les travaux de Chaïm Perelman sur l'argumentation, dont on trouvera un exposé orienté vers l'étude des textes littéraires dans *L'Art d'argumenter* de G. Declercq, p. 119-140.

dans *Le Rouge et le Noir*, puisque le lecteur a en quelque sorte toutes les pièces nécessaires pour instruire le procès, mais que le verdict est bien difficile à prononcer.

Si le contenu idéologique porte sur le présent du locuteur, nous sommes dans l'éloquence **démonstrative** : ainsi en va-t-il pour une bonne partie de la littérature d'idées, qu'elle soit satirique ou au contraire laudative ; nous pouvons donner comme exemple les portraits de Giton et de Phédon (satires des personnages et d'une société qui accordent trop de crédit à l'argent) de La Bruyère, ou bien les oraisons funèbres de Bossuet (laudatives).

Si le contenu idéologique porte sur l'avenir, c'est-à-dire si le texte veut convaincre de prendre telle ou telle décision, notre texte sera alors du côté de l'éloquence **délibérative** : on trouve dans cette catégorie notamment la littérature militante, par exemple les *Pensées* de Pascal, qui cherche à convertir son lecteur, ou toute une partie de la production des philosophes du XVIIIe, par exemple l'*Émile* ou le *Contrat Social* de Rousseau.

La limite entre délibératif et démonstratif est parfois ténue : où ranger par exemple le texte de Montesquieu contre l'esclavage des nègres dans l'*Esprit des Lois*[1], ou bien l'épisode du nègre de Surinam dans *Candide*[2] de Voltaire ? S'agit-il seulement de condamnations d'un état de fait (genre démonstratif), ou bien ces deux philosophes appellent-ils à supprimer l'esclavage (genre délibératif) en démontrant, l'un son absence de fondement moral, religieux et philosophique, et l'autre, son insupportable cruauté ? Les deux sans doute, avec des passages parfois plutôt démonstratifs (lorsqu'ils décrivent l'ignominie de la pratique esclavagiste) et d'autres plutôt délibératifs (lorsque, derrière une phrase ironique[3],

---

1. Livre XV, chapitre 5.
2. Chapitre 19.
3. « De petits esprits exagèrent trop l'injustice que l'on fait aux Africains. Car, si elle était telle qu'ils le disent, **ne serait-il pas venu dans la tête**

Montesquieu demande aux puissants de ce monde de faire une convention interdisant l'esclavage) ; néanmoins, le texte de Voltaire se cantonne plus nettement dans le démonstratif, puisque Candide se contente de s'en aller en pleurant sans proposer de solution au problème ; Montesquieu, en revanche, utilise les trois types oratoires puisque, outre le démonstratif et le délibératif, on trouve un passage relevant de l'éloquence judiciaire, lorsqu'il montre et condamne par une phrase ironique la raison (un génocide) pour laquelle les Européens ont créé le commerce triangulaire[1].

Dans la pratique, l'on peut souvent situer globalement un texte dans un des trois genres d'éloquence, mais cette catégorisation peut tout à fait évoluer de ligne en ligne.

▶ Preuve éthique, preuve pathétique, preuve logique[2]

La rhétorique répertorie trois grands moyens de persuader, qui sont **plaire, toucher**, et **démontrer**, qui se réalisent à travers trois types de preuve.

Plaire consiste à donner à travers son discours une bonne image de soi : il faut être crédible. C'est ce qu'on appelle la **preuve éthique**, et celle-ci passe par un certain nombre de procédés langagiers qui assurent une certaine autorité à celui qui parle : ainsi, le niveau de langage, le ton, le savoir dont fait preuve celui qui parle jouent un rôle important, même si aucun de ces éléments à lui seul ne suffit à valider ou à invalider la crédibilité de l'orateur. On pourra analyser dans

---

des princes d'Europe, qui font entre eux tant de conventions inutiles, d'en faire une générale en faveur de la miséricorde et de la pitié ? »
1. « Si j'avais à soutenir le droit que nous avons eu de rendre les nègres esclaves, voici ce que je dirais :
    Les peuples d'Europe ayant exterminé ceux de l'Amérique, ils ont dû mettre en esclavage ceux de l'Afrique, pour s'en servir à défricher tant de terres. »
2. Les trois types de preuves peuvent se rencontrer dans les trois genres oratoires ; mais chacune se trouve utilisée plus particulièrement dans un genre oratoire.

cette optique le narrateur Bardamu chez Céline (un niveau de langage qui s'affiche comme populaire et qui est pourtant tellement travaillé qu'il acquiert une étonnante force de conviction) ou le descripteur balzacien ou flaubertien qui, comme l'a montré Ph. Hamon, se présente comme un narrateur savant, ou bien encore le narrateur stendhalien dont le regard ironique sur les personnages instaure une complicité avec le lecteur, sur laquelle il asseoit son autorité. La preuve éthique est particulièrement importante pour le genre judiciaire.

Toucher consiste à éveiller des émotions chez le lecteur : c'est ce que l'on appelle la **preuve pathétique** ; le lecteur doit se sentir directement concerné par ce dont on lui parle. La preuve pathétique est particulièrement efficace dans le genre délibératif, qui appelle l'auditoire ou le lecteur à prendre une décision, et dans le genre démonstratif qui est louange ou blâme de quelqu'un ou de quelque chose : ainsi, cette preuve est particulièrement à l'œuvre dans les textes de Montesquieu et de Voltaire contre l'esclavage.

Démontrer consiste à utiliser des **preuves logiques** pour convaincre son auditoire : ces preuves sont de deux ordres, soit démonstration par la déduction (**syllogisme** ou **enthymème**[1]), soit démonstration par induction (**exemple**) ;

---

1. Avec la déduction, on fait un raisonnement qui va du général au particulier ; le syllogisme s'appuie sur deux prémisses et en tire une conclusion : ex : 1) tous les hommes sont mortels ; 2) or Socrate est un homme (classement du particulier dans une catégorie générale) ; 3) donc Socrate est mortel (application d'une propriété de la catégorie générale à un de ses éléments particuliers). L'enthymème, beaucoup plus courant en littérature que le syllogisme, repose sur des prémisses qui sont vraisemblables (et non vraies comme pour le syllogisme), c'est-à-dire plus ou moins admises par tous ; c'est pourquoi, il se présente en général sous la forme d'un syllogisme auquel manque une prémisse ou bien même la conclusion : « Dans l'enthymème, il ne faut ni prendre le raisonnement de trop loin ni passer par tous les échelons pour conclure. Dans le premier cas, on ne serait pas clair, et les auditeurs d'esprit moyen ne suivraient plus ; dans le second cas, on passerait pour dire des

l'enthymème sera particulièrement important pour le judiciaire et le délibératif ; l'exemple sera plutôt utilisé pour le
délibératif et le démonstratif : le texte de Montesquieu fonctionne surtout par des raisonnements (déductifs) par
l'absurde (voir exemples cités notes 3 p. 25 et 1 p. 26), tandis
que le texte de Voltaire accorde une place plus grande à
l'exemple avec la description du nègre qui ouvre la page,
avant son discours sur son état d'esclave, qui montre par
induction l'ignominie de l'esclavage. On peut d'ailleurs dire
que tout *Candide* est une démonstration par induction, par
l'exemple, de la fausseté de la théorie philosophique de
l'optimisme, puisque chaque aventure en constitue un
démenti, un exemple *a contrario*.

▶ Les lieux

Il s'agit de développements dont le thème ou la forme
sont répertoriés par la tradition rhétorique.

Pour la rhétorique aristotélicienne, thématiquement, les
lieux communs aux trois genres oratoires sont le possible et
l'impossible, le grand et le petit, le plus ou le moins, l'uni-
versel et le particulier ; le plaisir est le lieu de l'éloquence
judiciaire, car le plaisir est la fin de l'acte injuste ; la vertu est
le lieu de l'éloquence démonstrative, l'éloge ou le blâme
étant prononcés en fonction de la conformité ou non de
l'objet du discours à la vertu ; et le bonheur est le lieu de
l'éloquence délibérative : la décision demandée sera prise si
elle est considérée comme favorable au bonheur de ceux qui
la prennent.

Formellement, la **narration** est un lieu de l'éloquence judiciaire (elle est tournée vers le passé), l'**amplification** et particulièrement la **description** conviennent plutôt à l'éloquence
démonstrative (elle est tournée vers le présent), et l'**argu-**

évidences ». (G. Molinié, *Dictionnaire de rhétorique,* article
« enthymème »)

mentation est plus spécialement utile à l'éloquence délibérative (tournée vers l'avenir).

Certains spécialistes contemporains rangent parmi les
lieux « des stéréotypes du discours pas forcément argumentatif, mais purement et largement littéraire, comme l'éthopée
ou la prosopographie[1]. » (G. Molinié, *Dictionnaire de rhétorique*, article « lieu »)

Les lieux font alors partie des figures, et nous nous attar-
derons un peu plus sur eux dans le chapitre qui sera consacré à celles-ci.

▶ Les domaines du travail de l'orateur

La rhétorique antique partage le travail de l'orateur en
cinq domaines :

- **l'invention** : c'est la recherche des idées ; les lieux en
  constituent un véritable stock ;
- **la disposition** : c'est l'agencement de ces idées et donc
  le plan du discours. Le discours-type, de ce point de
  vue, est le discours judiciaire. Il se partage en quatre
  grandes parties : **l'exorde**, introduction dans laquelle
  l'orateur essaie surtout de se rendre l'auditoire favorable (c'est ce que l'on appelle la *captatio benevolentiæ*,
  la captation de la bienveillance de l'auditoire) ; **la narration**, exposé des faits ; **l'argumentation**, qui met en
  œuvre les preuves extra-techniques (témoignages et
  preuves matérielles) et les preuves techniques dont
  nous avons parlé plus haut ; **la péroraison**, conclusion
  qui récapitule la démonstration et qui ensuite insiste
  sur l'importance morale de la cause, et fait appel aux
  émotions de l'auditoire (indignation, colère, pitié).
  Cette disposition est utile à connaître, car elle est à
  l'œuvre dans nombre de tirades du théâtre classique,

---

1. **Éthopée** : portrait moral ; **prosopographie** : portrait physique.

mais aussi — avec éventuellement des variantes —,
dans beaucoup d'autres textes littéraires ;

– **l'élocution** : c'est ce que l'on appelle en général le
style, c'est-à-dire le choix des mots, le choix des figures
et l'arrangement des mots avec les recherches de
sonorité et de rythme. C'est dans cette perspective que
l'on peut situer la fameuse **roue de Virgile** qui, en
prenant pour chaque style l'exemple d'une œuvre de
Virgile, distingue style simple, style tempéré ou
moyen, et style élevé ; cette typologisation est aussi
prescriptive et associe chaque style à un certain type
de sujet, à une certaine thématique : **le style simple** est
illustré par les *Bucoliques*, poésie pastorale mettant en
scène des personnages simples ; **le style moyen** est
représenté par les *Géorgiques*, poésie didactique ; **le
style élevé** est exemplifié par l'*Énéide*, poésie épique.
Cette tripartition a un rôle très important dans la
constitution de l'idée de genre littéraire ; d'autre part,
elle dominera longtemps l'esthétique de la littérature
française, ne commençant à être remise en cause qu'au
XIXe siècle avec les revendications romantiques ; mais
il faudra attendre la littérature du XXe siècle pour vraiment échapper à cette catégorisation du monde par le
langage, qui est imposée doxiquement ;

– **la mémoire** (mémorisation du discours) ;

– **l'action** (le rôle de la voix et du geste) : ces deux points
nous intéressent moins, encore que l'action oratoire
puisse parfois être importante à prendre en compte,
par exemple, lorsque Tartuffe, pour mieux se disculper
aux yeux d'Orgon, s'autoaccuse, et se jette à ses
genoux (*Tartuffe*, III, 6).

Les éléments de rhétorique que nous venons d'exposer
constituent autant de problématiques importantes à envisager lors de l'étude stylistique d'un texte, même lorsque
celui-ci n'est pas un discours, et même si elles ne sont pas

toutes forcément adaptées au texte en question ; elles per-mettent d'avoir une entrée de type formel dans le texte, et de faciliter ainsi le commentaire stylistique.

III. La poétique

▶ Définitions

Le mot, hérité de l'œuvre d'Aristote qui porte ce titre, a deux grands sens différents.

Le premier, ancien et traditionnel, est celui de « **traité de poésie**[1] » : il correspond au contenu de tous les *Arts poétiques*, d'Horace à Boileau, ouvrages techniques, à la fois recueils de préceptes normatifs et descriptions des genres poétiques[2]. Dans son *Dictionnaire de Poétique*, M. Aquien décrit ainsi le contenu de son ouvrage :

> Ce dictionnaire [...] explique et illustre, outre les règles de la versification et l'histoire de leur évolution, les traits spécifiques du langage poétique, comme le jeu des sonorités, les variations du rythme, le statut du mot, les tropes, les images.

Tous ces points sont évidemment utiles à la stylistique, dont ils sont des outils techniques lui permettant de mesurer plus précisément la spécificité d'un texte. Ainsi, il est impor-tant de connaître les règles de la métrique pour apprécier le rythme d'un texte en vers, la recherche rimique et le jeu figural.

Le second sens du substantif « poétique » puise son origine dans l'œuvre d'Aristote intitulée justement *La Poétique* et a été remis à l'honneur, de manière plus large, par P. Valéry pour qui fut créée au Collège de France une chaire de poétique. La poétique, dans ce sens, cherche à per-

---

1. Par opposition à la rhétorique qui se consacrait à la prose.
2. Aristote limite son étude aux genres poétiques dits mimétiques : l'épopée et la tragédie ; se trouvent exclues de son travail la poésie lyrique et la poésie didactique.

cer les secrets de fabrication de la littérature, les secrets de la
« **littérarité** », c'est-à-dire de ce qui constitue un texte en
œuvre littéraire. Cette recherche s'effectue tous azimuts
depuis les aspects sociologiques jusqu'aux aspects purement
langagiers qui relèvent de la stylistique[1].

Cette poétique peut se réaliser sous la forme de mono-
graphies sur un auteur ou sur une œuvre : il s'agit alors de
dégager l'esthétique d'une œuvre, c'est-à-dire ses modes de
composition, l'organisation thématique ainsi que les lignes
de force stylistiques.

Elle peut aussi prendre la forme de théories de la littérature ; bien souvent l'étude monographique bascule dans la
théorie littéraire, comme on le voit avec éclat dans les travaux de Bakhtine sur Rabelais ou sur Dostoïevski[2].

En tant que théorie littéraire, la poétique est susceptible
de deux axes de recherche. D'une part, une poétique des
genres dans laquelle la littérarité est appréhendée en fonction de caractéristiques génériques : c'est finalement ce que
fait déjà Aristote dans sa *Poétique*, quand il dégage les traits
constitutifs de la tragédie et de l'épopée ; d'autre part, une
théorisation générale autour du concept de littérarité.

La stylistique a donc des visées proches de la poétique :
mais ses méthodes passent exclusivement par une herméneutique de la forme de l'expression et de la forme du
contenu, et c'est à travers cette herméneutique qu'est appréhendée la substance du contenu[3]. Bref, la stylistique dépasse

---

1. On ne s'étendra pas ici sur la question de savoir si la poétique englobe
   la stylistique ou si c'est la poétique qui est une discipline ancillaire de la
   stylistique ; plus précisément, on peut sans doute soutenir que la stylistique, par son travail direct sur le matériau langagier du texte est forcément le noyau central de toute poétique de l'art verbal.
2. M. Bakhtine, *L'Œuvre de François Rabelais et la culture populaire du
   Moyen Âge et de la Renaissance*, Gallimard, 1970, et *La Poétique de
   Dostoïevski*, Le Seuil, 1970.
3. Voir chapitre 1, note 2, p. 17 et p. 51.

l'opposition entre forme et sens : le sens n'existe que par la forme.

▶ *Figures III* : « Discours du récit »

La stylistique sera particulièrement intéressée par la narratologie de G. Genette, telle qu'on la trouve dans *Figures III (Discours du récit)*, et dans *Nouveau discours du récit*.

« Discours du récit » (*Figures III*, p. 71-267) : Plan de l'étude

INTRODUCTION
Genette distingue :
– **histoire** (ou **diégèse**) : le « signifié ou contenu narratif », l'anecdote ;
– **récit** : « signifiant, énoncé, discours ou texte narratif lui-même » ;
– **narration** : « l'acte narratif producteur », l'énonciation narrative.
  1. ORDRE :
– quand le récit opère un retour en arrière dans la diégèse, il y a **analepse** ;
– quand il annonce la suite de la diégèse, il y a **prolepse**.
  2. DURÉE :
On compare durée du récit et durée des événements racontés ; on distingue l'**ellipse**[1], qui consiste à passer sous silence certains événements ; le **récit sommaire**, qui résume brièvement une durée assez longue[2], la **pause descriptive**, dans laquelle la narra-

---

1. Attention, le mot « ellipse » est aussi utilisé en grammaire pour désigner la disparition d'un mot ou d'un groupe de mots (par exemple le sujet d'un verbe, peut, sous certaines conditions, être sous-entendu) ; l'ellipse est aussi une figure microstructurale de construction, lorsque ce phénomène a une valeur rhétorique.
2. Un exemple célèbre est le chapitre 6 de la dernière partie de *L'Éducation sentimentale,* dont le début fait un récit sommaire de plusieurs années de la vie de Frédéric :
« Il voyagea.

tion des événements se suspend pour laisser place à une description (le récit a alors une durée plus longue que la diégèse), et enfin, la **scène** « qui réalise conventionnellement l'égalité de temps entre récit et histoire » : elle se présente en général sous la forme d'un dialogue[1].

3. FRÉQUENCE :

on compare la fréquence des événements de la diégèse et la fréquence de leur récit. Le **récit singulatif** raconte *n* fois ce qui s'est passé *n* fois ; le **récit répétitif** raconte *n* fois ce qui s'est passé une seule fois ; le **récit itératif** raconte en une seule fois ce qui s'est passé *n* fois ; l'étude de Genette s'appuyant sur l'analyse de *La Recherche du temps perdu*, distingue également le **récit pseudo-itératif** où le narrateur présente comme itératif un événement qui, visiblement, n'a pu se produire tel quel qu'une seule fois, mais qui est sans doute archétypal d'un certain nombre d'autres événements du même genre[2].

Il connut la mélancolie des paquebots, les froids réveils sous la tente, l'étourdissement des paysages et des ruines, l'amertume des sympathies interrompues.

Il revint.

Il fréquenta le monde, il eut d'autres amours encore. (...) Des années passèrent ; et il supportait le désœuvrement de son intelligence et de l'inertie de son cœur. »

Du point de vue de l'étude stylistique, les marques du récit sommaire sont à trouver 1) au niveau grammatical, dans l'utilisation du passé simple (aspect global ne prenant pas en compte la durée des procès et les présentant de l'extérieur, de manière objective et non interprétative) aboutissant à un imparfait synthétique (du fait de son aspect sécant qui présente le procès de l'intérieur, et de manière interprétative cette fois : il s'agit d'un commentaire du narrateur) ; 2) au niveau transphrastique, dans la construction asyndétique des phrases (pas de lien entre les phrases), qui accentue le non-sens de cette succession de procès (la coordination « et » qui précède l'imparfait marque l'intrusion du commentaire interprétatif du narrateur) ; 3) au niveau phrastique, dans l'opposition rythmique de l'alternance des phrases à parallélisme et des phrases nucléaires.

1.   Ou d'un monologue (Genette omet de le préciser).

2.   L'étude stylistique permet de repérer les marques de chaque type de récit, en particulier grâce un relevé SIMULTANÉ des temps verbaux et des marques lexicales temporelles (le repérage du temps verbal ne permet pas à lui seul de déterminer le rapport de fréquence).

4. MODE[1] :

a. Récit d'événements (transcription de non-verbal en verbal) *vs* **récit de paroles** (transcription de verbal en verbal).

Le récit de paroles se présente sous quatre formes différentes[2] :

– **discours narrativisé**, « c'est-à-dire traité comme un événement parmi d'autres et assumé comme tel par le narrateur lui-même » ; ex : « Il informa sa mère de sa décision d'épouser Albertine ».

– **discours transposé**, soit au discours indirect (« il dit à sa mère qu'il lui fallait absolument épouser Albertine »), soit au discours indirect libre (« il annonça sa décision à sa mère : il allait épouser Albertine »).

– **discours rapporté**, c'est-à-dire transcrit au discours direct (« Il annonça à sa mère : « il faut absolument que j'épouse Albertine »).

– **le discours immédiat (appelé aussi monologue autonome)**, dans lequel le monologue du personnage est totalement libéré de la tutelle énonciative du narrateur : il n'y a plus de récit encadrant ce monologue et permettant au lecteur d'en établir le cadre référentiel, c'est-à-dire que, contrairement au discours direct, il n'y a plus de narration permettant de savoir qui parle, à qui, et de qui ou de quoi ; toutes ces références sont à trouver à l'intérieur même du monologue (ex : monologue de Molly Bloom dans l'*Ulysse* de James Joyce).

b. Focalisations : au nombre de trois : il s'agit de répondre à la question « qui voit la scène ? » ou plutôt « **qui la perçoit ?** » (à différencier des questions » qui parle ? » ou « qui raconte ? »).

– **focalisation zéro** : le récit est fait d'un point de vue « omniscient », c'est-à-dire que le narrateur fait part au lecteur d'éléments que ne peuvent percevoir les personnages[3] (ex : la plus grande partie de *La Princesse de Clèves* de Mme de La Fayette).

---

1. Du point de vue stylistique qui est le nôtre, ce chapitre (p. 183-224) est le plus important, car il touche de près aux problèmes d'énonciation et il mérite d'être lu en entier.

2. Nous définirons de manière linguistique ces différents types de « récit de paroles » quand nous étudierons les « l'énonciation littéraire » (deuxième partie, chap. 3).

3. Situation que l'on résume parfois un peu rapidement en disant que le narrateur en sait plus que ses personnages.

– **focalisation interne** : la scène est montrée perçue par les sens d'un des personnages (ex : la description de Rouen faite à travers le regard de Madame Bovary).

– **focalisation externe** : l'objet focalisé est montré de l'extérieur ; le focalisateur[1] n'est pas un personnage, mais un regard anonyme et qui ne nous fait pas pénétrer dans l'intériorité du focalisé (ex : la description de Philéas Fogg dans le début du *Tour du monde en quatre-vingts jours* de J. Verne).

En général, la focalisation n'est pas fixe tout au long d'une œuvre, mais varie d'un passage à l'autre, voire d'une ligne à l'autre (Stendhal, par exemple, varie sans cesse les focalisations).

5. **VOIX** : on étudie l'instance productrice du récit, la **narration** :

• **temps de la narration** : **narration ultérieure** (narration postérieure aux événements narrés, récit au passé), **antérieure** (récit prédictif, généralement au futur), **simultanée** (narration contemporaine des événements narrés, récit au présent), **intercalée** (entre les moments de l'action : roman épistolaire, journal intime) ;

• **niveaux narratifs** :

– **narrateur extradiégétique** (dans le cadre de récits enchâssés les uns dans les autres, il s'agit du narrateur du récit enchâssant, dit aussi « récit premier » ; s'il n'y a pas de récit enchâssé, le narrateur est forcément extradiégétique) ;

– **narrateur intradiégétique** (désigne le narrateur du récit enchâssé, dit aussi « second »).

La **métalepse**[2] est une transgression des niveaux narratifs, sous la forme d'une intrusion du narrateur dans le narré (Diderot, *Jacques le Fataliste* : « Si cela vous fait plaisir, remettons la paysanne en croupe derrière son conducteur, laissons-les aller et revenons à nos deux voyageurs ») ou d'une confusion volontaire entre le temps de la narration et le temps du narré (Balzac, dans *Les Illusions perdues* : « Pendant que le vénérable ecclésiastique

---

1. Les termes de « focalisé » et de « focalisateur » permettent de distinguer d'une part l'objet ou le personnage observé et d'autre part l'instance qui observe.

2. Attention, ce terme désigne également une figure de rhétorique : il s'agit d'une variété de métonymie (voir le chapitre sur les figures) qui consiste à substituer l'avant à l'après ou l'après à l'avant, en particulier sous la forme de la cause pour la conséquence ou de la conséquence pour la cause.

monte les rampes d'Angoulême, il n'est pas inutile d'expliquer…»).

– **personne** : Genette oppose le **narrateur homodiégétique** qui est un des personnages de l'histoire qu'il raconte (le Dr Watson, narrateur et personnage des aventures de Sherlock Holmes), le **narrateur autodiégétique** qui est le personnage principal du récit (Robinson Crusoë), et le **narrateur hétérodiégétique** qui raconte une histoire dans laquelle il n'est pas un personnage (Shéhérazade ou bien le narrateur du *Père Goriot*).

De telles analyses permettent d'affiner la typologie des œuvres narratives. D'une manière générale, la stylistique récupère l'approche poéticienne des genres comme traits de littérarité : elle cherche les marques linguistiques des genres et tente de mesurer de quelle façon le texte considéré se conforme aux modèles génériques ou bien s'en écarte, ou bien encore les reformule.

▶ Intertextualité

Parmi les théories relevant de la poétique, la théorie de **l'intertextualité** est aussi un élément important pour l'exercice stylistique ; en effet, « sa fonction est l'élucidation du processus par lequel tout texte peut se lire comme l'intégration et la transformation d'un ou de plusieurs autres textes » (*Encyclopædia Universalis*).

L'intertextualité est considérée par certains théoriciens (Riffaterre notamment), comme le centre de la littérarité. Elle a à voir avec la notion bakhtinienne de polyphonie, en ce sens que l'on peut considérer que tout texte se tisse (voir l'étymologie du mot « texte ») de références plus ou moins conscientes à d'autres textes[1]. La mise au jour de ce travail de récriture est évidemment l'un des objectifs de l'étude stylistique.

---

1. Riffaterre élargit la notion d'intertextualité jusqu'à lui faire englober les rapports que le texte entretient non seulement avec ceux qui l'ont précédé, mais aussi avec ceux qui l'ont suivi.

Là encore, G. Genette, avec son ouvrage *Palimpsestes*[1], a joué un rôle déterminant dans le classement et la clarification des notions entrant en jeu dans l'intertextualité, qu'il appelle « transtextualité », réservant le terme d'« intertextualité » à un emploi plus restreint. Il définit cette transtextualité comme « transcendance textuelle du texte », c'est-à-dire « tout ce qui le met en relation, manifeste ou secrète, avec d'autres textes ».

Il distingue notamment (*Palimpsestes*, p. 7-16) :

– **l'architextualité** : « l'ensemble des catégories générales ou transcendantes — types de discours, modes d'énonciation, genres littéraires, etc. — dont relève chaque texte singulier » ;

– **la paratextualité** : « relation [...] que, dans l'ensemble formé par une œuvre littéraire, le texte proprement dit entretient avec ce que l'on ne peut guère nommer que son *paratexte* : titre, sous-titre, intertitres ; préfaces, postfaces, avertissements, avant-propos, etc. » Ce paratexte a une importance pragmatique, servant souvent à établir un « contrat (ou pacte) générique », c'est-à-dire en fait à donner des règles du jeu pour la lecture. L'architextualité et la paratextualité sont à prendre en considération notamment dans une perspective générique ;

– **l'intertextualité, définie de manière restrictive** par une « relation de coprésence entre deux ou plusieurs textes, c'est-à-dire [...] par la présence effective d'un texte dans un autre ». L'intertextualité se réalise sous la forme de la **citation**, ou bien du **plagiat** (« emprunt non déclaré, mais encore littéral »), ou bien encore de l'**allusion** (« énoncé dont la pleine intelligence suppose la perception d'un rapport entre lui et un autre auquel

---

1. Un palimpseste est un parchemin manuscrit dont on a effacé la première écriture pour pouvoir écrire un nouveau texte.

renvoie nécessairement telle ou telle de ses inflexions, autrement non recevable »).

Les différents aspects de l'intertextualité sont une composante importante de l'écriture d'un texte (en tant que récriture) et doivent donc être pris en compte lors d'une étude stylistique.

IV. Disciplines linguistiques

La perspective linguistique est une composante très importante du champ stylistique, tant du point de vue historique que du point de vue épistémologique. En effet, toutes les disciplines linguistiques, de la linguistique de l'énonciation à la sémantique en passant par la pragmatique, ont pour objet une étude du matériau langagier. Or, la stylistique a pour but l'analyse de celui-ci, mais exclusivement dans l'œuvre littéraire ; surtout cette étude a pour fin d'essayer de trouver quel fonctionnement linguistique particulier constitue ce matériau en objet littéraire : on l'a déjà dit, il s'agit d'essayer de traquer les éléments de littérarité dans le langagier. En ce sens, la stylistique est à la fois dans la linguistique (en tant qu'étude du langage) et en marge de celle-ci (en tant qu'exclusivement préoccupée du phénomène littéraire).

Si nous laissons de côté la sémiotique, sur laquelle nous reviendrons en fin de chapitre, et la sémantique, dont nous présenterons quelques notions à propos de l'étude stylistique du lexique, la linguistique de l'énonciation et la pragmatique (linguistique) sont sans doute parmi les disciplines linguistiques les plus utiles en stylistique.

▶ La linguistique de l'énonciation

L'étude de l'énonciation a pris un essor considérable depuis que Benveniste a mis en évidence son importance.

L'énonciation peut se définir comme le processus de production d'un énoncé. Cette activité énonciative laisse des traces dans le produit final qu'est l'énoncé.

Le responsable de la production de l'énoncé s'appelle l'**énonciateur** ; le plus souvent il est aussi celui qui émet l'énoncé et que l'on appelle le **locuteur.** Cependant, on doit les distinguer : lorsqu'on est en présence de discours rapporté, l'énonciateur des propos rapportés n'en est pas le locuteur ; dans « Pierre dit que Jacques est amoureux », Pierre est l'énonciateur de l'énoncé « Jacques est amoureux », mais il n'en est pas le locuteur ; c'est la narrateur (qui par ailleurs est énonciateur de « Pierre dit que ») qui est le locuteur de l'ensemble « Pierre dit que Jacques est amoureux ». La dissociation locuteur/énonciateur est aussi importante dans l'étude de l'ironie sur laquelle nous reviendrons.

Celui à qui s'adresse le locuteur est l'**allocutaire.** Notamment dans le cas d'un dialogue, énonciateur-locuteur et allocutaire collaborent (par exemple en échangeant régulièrement leur rôle) dans le cadre d'une **co-énonciation** : on les appelle co-énonciateurs.

Le passage de la fabrication de l'énoncé à sa profération est appelé l'**acte d'énonciation** : cet événement a lieu dans un certain contexte situationnel (essentiellement le lieu, le temps, la personne de l'énonciateur et la personne à qui est adressé l'énoncé) dénommé **situation d'énonciation.**

Les traces de l'énonciation sont de multiples natures, les principales étant celles qui situent l'énoncé par rapport à ce que l'on appelle de manière lapidaire le MOI-ICI-MAINTENANT de l'énonciateur. Ce sont les **embrayeurs,** éléments du lexique dont le choix est totalement conditionné par la situation d'énonciation. On distingue :

– **les embrayeurs personnels** : JE désigne forcément le locuteur, TU celui à qui on parle — l'allocutaire —, NOUS les locuteurs ou bien le locuteur et l'allocutaire, ou le locuteur et le délocuté[1], ou encore le locuteur, l'allocutaire et le délocuté ; VOUS désigne l'allocutaire (VOUS de politesse) ou bien un ensemble d'allocutaires, ou bien un ou des allocutaire(s) et un ou des délocuté(s). En revanche, IL(S)/ELLE(S) ont pour référent celui/celle(s)/ceux dont on parle — le(s) délocuté(s) — ; ainsi, ce référent ne change pas quand on change de locuteur (et donc de situation d'énonciation) : c'est pourquoi IL(S)/ELLE(S) ne sont pas des embrayeurs ;

- **les embrayeurs spatiaux ou temporels** (appelés **déictiques**[2]) : ICI désigne forcément le lieu où se trouve le locuteur, tandis que LÀ-BAS désigne un lieu éloigné de ce même locuteur ; si bien que le professeur sur l'estrade peut dire en s'adressant aux élèves du fond de la classe : « De LÀ-BAS, arrivez-vous à lire ce qui est écrit sur le tableau ? », et l'élève assis au dernier rang peut lui répondre « D'ICI, nous voyons aussi bien qu'au premier rang ». Dans cet exemple, LÀ-BAS et ICI réfèrent au même point de l'espace, mais celui-ci étant repéré par rapport au corps de l'énonciateur, ce dernier impose donc un choix lexical différent selon qu'il est proche ou éloigné du lieu désigné. De la même manière, certains adverbes temporels sont employés relativement au moment de l'énonciation : HIER, AUJOURD'HUI, DEMAIN, MAINTENANT, TOUT À L'HEURE, etc.

---

1. Toutes les indications spatiales ou temporelles ne sont pas forcément des embrayeurs : certaines sont en effet indépendantes de la situation d'énonciation et ne changent pas lorsque celle-ci se modifie.

---

1. Celui dont on parle.
2. Voir l'article « déictique » dans le *Vocabulaire de l'analyse littéraire* de D. Bergez, V. Géraud et J.-J. Robrieux (Dunod, 1994), que je résume ici.

Ne sont pas des embrayeurs :
– **les marques de repérage absolu** : la date du calendrier, le repérage des géographes (*le 14 juillet 1789, à Paris*) ;
– **les marques de repérage relatif** : situation par rapport à une date du calendrier ou par rapport à une détermination géographique (*vers 1850, après la Révolution, à côté de Marseille, loin de Paris*
– **les marques de repérage cotextuel** : situation spatio-temporelle repérée par rapport à un élément du cotexte[1] (*le lendemain, la veille, trois ans plus tard, près de cette ville, devant cette maison* [dont l'énonciateur vient de parler], etc.).

2. Il y a un continuum entre les embrayeurs et les non embrayeurs : certains embrayeurs sont « occasionnels », ils ne sont pas toujours embrayeurs. Ainsi en va-t-il des démonstratifs, qui peuvent soit être liés à un geste de monstration (ils sont alors embrayeurs déictiques), soit renvoyer à un mot du cotexte (ils sont alors anaphoriques), et de l'adverbe de lieu LÀ (un enfant qui s'est fait un bleu est le seul à pouvoir dire « j'ai mal ICI », mais il peut aussi dire « j'ai mal LÀ », de même que sa mère peut lui demander « Tu as mal LÀ ? » et expliquer au médecin : « Il a mal LÀ où il est égratigné » ; en revanche ICI est toujours embrayeur).

3. Certains embrayeurs sont dits « transparents » ou « saturés », lorsque leur référent est sans ambiguïté[2] : ainsi, JE désigne toujours le locuteur, ICI et MAINTENANT la proximité spatiale et le présent du locuteur. **D'autres sont dits « opaques » ou « lacunaires »**, lorsque leur référent est plus difficile à interpréter : par exemple, CELUI-CI a besoin d'un geste de monstration pour être interprété[3].

---

1. Le terme de cotexte désigne l'environnement textuel, verbal du passage considéré, par opposition au contexte qui désigne *stricto sensu* l'environnement extralinguistique ; cependant, le mot « contexte » englobe souvent également le sens du mot « cotexte ».
2. Leur référent varie seulement en fonction des variations de l'énonciation : si le locuteur change, le référent de JE change aussi, en ce sens qu'il ne désigne plus le même individu ; mais il désigne toujours la personne qui a la parole.
3. Comme tous les démonstratifs, CELUI-CI peut dans certains cas être anaphorique, c'est-à-dire renvoyer à un mot du cotexte (« J'ai rencontré Pierre. CELUI-CI ne m'avait pas reconnu. »). Dans ce cas, il n'est plus ni déictique ni embrayeur ; dès que le repérage n'est plus fonction de l'énonciation, on ne peut plus parler de déictique, ni d'embrayage.

- **les temps verbaux** permettent de situer l'énoncé par rapport au temps de l'énonciation ; nous reviendrons sur leurs valeurs dans le chapitre 3 de la seconde partie.
- **les modalités** : assertion, interrogation, ordre, exclamation.
- **les modalisations** : toutes les autres marques de la subjectivité de l'énonciateur dans son énoncé. On les appelle des termes modalisateurs (adverbes « sans doute », « peut-être », etc. ; verbes « prétendre », « soutenir », etc. ; noms ou adjectifs de sens ou de connotation axiologique[1]).

Benveniste a établi une opposition fondamentale entre deux plans d'énonciation, que sont **le discours et le récit (ou énonciation historique)** :

Le discours au sens de Benveniste[2] se caractérise par les marques linguistiques de la présence de l'énonciateur : embrayeurs, temps verbaux du discours (présent, passé composé, futur), modalités autres qu'assertive[3] et modalisations.

Le récit se caractérise par l'absence de marques de la présence de l'énonciateur : utilisation exclusive de la personne 3 ou 6 (Benveniste les appelle des non-personnes), absence d'embrayeurs, temps verbaux du récit (passé simple et passé antérieur), modalité exclusivement assertive, et, dans l'absolu, absence de termes modalisateurs.

La stylistique va analyser l'organisation énonciative du texte et prendre en compte d'une part ces traces laissées par l'énonciation pour cerner la littérarité du texte, notamment

---

1. Axiologique : qui exprime un jugement de valeur.
2. Le terme de « discours » étant très polysémique, il faut en préciser le sens quand on l'emploie.
3. La modalité assertive, utilisée aussi bien en discours qu'en récit n'est pas un critère permettant de distinguer discours et récit. Il en va de même pour l'imparfait, utilisé par les deux plans d'énonciation.

en termes de genre, et d'autre part la spécificité de l'énonciation littéraire (voir le chapitre sur l'énonciation littéraire).

▶ La pragmatique

La pragmatique a pour origine la philosophie anglo-saxonne, avec le désormais célèbre *Quand dire, c'est faire* de John L. Austin[1]. Elle cherche à étudier la langue en tant que phénomène social, autrement dit à envisager l'action du langage sur la vie en société. Si l'on reprend l'opposition saussurienne langue/parole, contrairement à Saussure qui assignait comme but à la linguistique l'étude de la langue, la pragmatique s'intéresse exclusivement à la parole, au discours : elle est « l'étude du langage comme phénomène à la fois discursif, communicatif et social[2] ». C'est pourquoi ses principaux champs d'étude sont les actes de langage, la problématique de l'implicite, et les interactions verbales (particulièrement l'analyse conversationnelle).

• Les actes de langage

C'est l'objet du livre de J. L. Austin *Quand dire, c'est faire*, dont le titre résume le propos. Toute parole est un acte qui veut avoir une influence sur l'interlocuteur ou sur le monde. Certains verbes sont en eux-mêmes des actes de langage : ce sont les verbes **performatifs** qui accomplissent ce qu'ils disent au moment où ils sont proférés : « je promets », « je te baptise », « je t'ordonne », « je te supplie », « je te pardonne ».

Même en dehors de ces cas particuliers, toute parole est acte de langage :

---

1. Publié en 1962 sous le titre *How to do Things with Words*, traduit en français aux éditions du Seuil en 1970.
2. Définition de F. Jacques citée par Ph. Blanchet dans *La Pragmatique*, p. 9.

- un acte **locutoire**, c'est-à-dire ce qui est dit, l'acte de profération de parole ;
- un acte **illocutoire**, c'est-à-dire dont le sens en langue a une portée extralinguistique (un ordre, une menace, une prière, une complicité avec l'allocutaire, etc.) ;
- un acte **perlocutoire**, c'est-à-dire dont les conditions d'énonciation font que la parole a réellement un effet extralinguistique (l'allocutaire exécute l'ordre ou refuse de l'exécuter, est intimidé ou non par la menace, ému ou non par la prière, accepte ou non la complicité, etc.).

Le verbe performatif confond la dimension locutoire (ce qui est dit) et la visée illocutoire : ordonner, c'est en même temps dire qu'on ordonne (acte locutoire) et demander l'exécution de l'ordre (visée illocutoire). Certains verbes performatifs confondent les trois dimensions, locutoire, illocutoire et perlocutoire : dire « je te baptise », c'est dire qu'on baptise (acte locutoire), c'est en même temps vouloir que l'allocutaire soit baptisé (visée illocutoire) et c'est aussi réaliser son baptême (acte perlocutoire).

La notion d'acte de langage est particulièrement rentable en stylistique pour l'étude des dialogues, qu'ils soient dramatiques ou romanesques. Alliée à l'approche rhétorique (puisque la rhétorique est fondée sur la volonté d'obtenir telle ou telle réaction de la part de son auditoire), l'approche pragmatique permet de mieux cerner la stratégie discursive des différents énonciateurs, non seulement celle des personnages mais aussi celle du narrateur ou du scripteur de théâtre : l'imbrication de ces différentes stratégies discursives prend la forme d'un jeu subtil qui participe activement à la littérarité du texte. L'un des exemples les plus représentatifs est sans doute l'œuvre dramatique de Marivaux.

Enfin, on a pu affirmer que l'œuvre littéraire en elle-même est un acte de langage performatif[1], en ce sens qu'elle crée un événement extralinguistique (l'émotion esthétique).

• **L'implicite**

La notion d'actes de langage conduit tout naturellement à analyser tout ce qui n'est pas dit directement : on a ainsi des **actes de langage indirects (appelés aussi « valeurs illocutoires dérivées »)**, c'est-à-dire « des actes de langage qui sont accomplis non plus directement mais à travers d'autres » (D. Maingueneau, *Pragmatique pour le discours littéraire*, p. 7) : un ordre ou une requête peuvent ainsi être formulés sous l'apparence d'une question (« Pouvez-vous fermer la porte ? »).

Ce n'est en fait qu'un cas particulier de la vaste problématique de l'implicite, c'est-à-dire de tout ce qui est dit indirectement dans un discours : les énoncés implicites ont « la propriété de ne pas constituer en principe [...] le véritable objet du dire » (C. Kerbrat-Orecchioni, *L'Implicite*, p. 21).

Deux grandes catégories d'implicite sont à distinguer :
– les **présupposés**, c'est-à-dire « toutes les informations qui, sans être ouvertement posées [...] sont cependant automatiquement entraînées par la formulation de l'énoncé » (C. Kerbrat-Orecchioni, *op. cit.*, p. 25). Par exemple, « Pierre a cessé de fumer » présuppose obligatoirement que naguère Pierre fumait ;
– les **sous-entendus**, c'est-à-dire « toutes les informations qui sont susceptibles d'être véhiculées par un énoncé donné, mais dont l'actualisation reste tributaire de certaines particularités du contexte énonciatif (ainsi, une phrase telle que « Il est huit heures » pourra-t-elle sous-entendre, selon les circonstances de son énon-

---

1. G. Molinié, *Approches de la réception*, p. 20 : « Le discours littéraire est totalement et exclusivement performatif — ou il n'existe pas. »

ciation, « Dépêche-toi ! », aussi bien que « Prends ton temps ») » (C. Kerbrat-Orecchioni, *op. cit.*, p. 39).

On peut aborder et analyser les figures de rhétorique, et particulièrement les tropes, qui consistent à utiliser un signifiant dont on détourne le signifié, comme des formes d'implicite. D'une manière générale, l'utilisation des figures, expression détournée et non directe, est interprétable en termes de pragmatique : nous retrouvons le lien fort, déjà signalé, entre rhétorique et pragmatique. La figure n'est pas alors un simple ornement du discours, mais ce qui le rend efficace.

Le décodage de l'implicite par le(s) récepteur(s) exige un calcul interprétatif qui met en jeu d'autres compétences que la stricte compétence linguistique.

Les compétences des sujets parlants

C. Kerbrat-Orecchioni distingue quatre compétences néces-saires à l'interprétation d'un énoncé[1] :

– la compétence linguistique : compréhension des signifiants textuels, cotextuels et prosodiques.

– la compétence encyclopédique : « vaste réservoir d'infor-mations extra-énoncives[2] portant sur le contexte », « compétences idéologiques et culturelles ».

– la compétence logique : elle permet de rétablir des liens logiques implicites, que ce soit dans le cas d'enthymèmes (cf *supra*, « Rhétorique »), ou de relations associatives créant un lien logique entre deux termes grammaticalement simplement juxta-posés ou coordonnés, comme dans ce vers célèbre de Racine : « Je t'aimais inconstant, qu'aurais-je fait fidèle ? ». Cette compé-tence permet notamment de percevoir la valeur (logique) implicite des participes épithètes : « La cigale **ayant chanté tout l'été** / Se trouva fort dépourvue / Quand l'hiver fut venu » (temps et cause).

---

1. *L'Implicite,* p. 160-298.
2. C'est-à-dire situées en-dehors de l'énoncé.

– la compétence rhétorico-pragmatique : ce sont les compétences nécessaires pour qu'un échange se déroule correctement. Il s'agit des **maximes conversationnelles** qui reposent sur le **principe de coopération** entre les interlocuteurs, par exemple pour répartir les tours de parole ; quand ce principe est violé, la conversation devient une dispute, un malentendu, ou bien même est amenée à être interrompue (ainsi dans la première scène de *Tartuffe*, Madame Pernelle ne cesse de violer le principe de coopération en empêchant ses interlocuteurs de parler, et pour finir, les ayant ainsi tous ligués contre elle, c'est elle qui est contrainte de quitter la scène). Le second principe conversationnel est le **principe de pertinence** : tout énoncé doit être adapté au contexte conversationnel, ne pas être dépourvu de contenu informationnel, ni à l'inverse contenir trop d'informations évidentes. Troisième principe, la **loi de sincérité** : tout énoncé, même mensonger, doit se présenter comme sincère.

La combinaison de ces compétences constitue ce qu'on appelle le **calcul interprétatif**. De telles notions sont évidemment très utiles pour comprendre comment fonctionne un dialogue, mais aussi pour comprendre tout le mécanisme d'interprétation de n'importe quel texte. La subtilité du calcul interprétatif à mettre en jeu est un des moyens de mesurer la littérarité d'un texte à partir de l'étude du matériau langagier : c'est en ce sens que ces notions intéressent la stylistique.

• L'analyse conversationnelle : les interactions verbales

Il s'agit d'étudier les mécanismes qui gèrent le coénoncé qu'est un dialogue. La stylistique est intéressée par le traitement littéraire du dialogue : en quoi diffère-t-il du dialogue réel, et comment l'œuvre fait-elle du dialogue une structure esthétique et signifiante ?

La structure d'une conversation

L'analyse conversationnelle distingue cinq niveaux dans une conversation, appelée aussi interaction[1].

---

1. Dans la vie réelle, les linguistes distinguent interaction et conversation, mais cette distinction n'a pas d'objet pour la littérature.

Du plus complexe au plus simple, ces niveaux s'emboîtent (comme des poupées russes) de la façon suivante :

- **Interaction** (c'est l'ensemble de la conversation).
- **Séquence** : un bloc d'échanges soudés par un fort degré de cohérence thématique : dans un dialogue littéraire, cela correspond à peu près au « plan » du texte dialogué. Une attention particulière doit être accordée à la séquence d'ouverture et à la séquence de fermeture d'une conversation : ainsi, la séquence d'ouverture de la conversation entre Tartuffe et Dorine (*Tartuffe*, III, 2) révèle à la fois l'hypocrisie du personnage (apercevant Dorine, il donne des ordres pieux à son valet) et sa brutalité : il n'utilise aucun rite de politesse à l'égard de Dorine, passant immédiatement à la requête (« Que voulez-vous ? »). Le roman tronque les conversations, supprimant facilement justement ces séquences d'ouverture et de fermeture trop ritualisées : la conversation est bien souvent présentée *in medias res* ; de même, au théâtre, le rideau se lève fréquemment sur une conversation déjà commencée.
- **Échange** : la plus petite unité dialogale ; outre l'échange constitué de deux interventions question/réponse, ou plus largement intervention initiative/intervention réactive, on trouve souvent des échanges ternaires, constitués de trois interventions : initiative/réactive/évaluative ; l'intervention évaluative peut être une reprise en écho de la réplique précédente, une sorte d'accusé de réception de l'information donnée par l'interlocuteur, chargé de plus ou moins d'affectivité (« ah bon ! », « Ça alors ! »), en tout cas une clôture de l'échange, comme dans cet échange célèbre entre Tartuffe et Elmire (III, 3, v. 916-918), Tartuffe ayant mis la main sur le genou d'Elmire :

Elmire : *Que fait là votre main ? Tartuffe : Je tâte votre habit : l'étoffe en est moelleuse.*

Elmire : *Ah ! de grâce, laissez, je suis fort chatouilleuse.*

Les échanges sont soit linéaires (exemples que nous venons de voir), soit imbriqués (la seconde intervention, réactive, sert également à ouvrir un nouvel échange), soit enchâssés : par exemple, à une question ou à une injonction, l'interlocuteur ne répond pas immédiatement, mais demande des précisions à celui qui l'interroge — créant ainsi un échange enchâssé dans le précédent — avant de répondre à la question initiale. Ainsi, dans *Tartuffe*, III, 2, (v. 858-864), l'interaction enchâssée est en italiques gras :

> Tartuffe : *Ah ! mon Dieu, je vous prie, avant que de parler, prenez ce mouchoir.*
> Dorine : *Comment ?*
> Tartuffe : **Couvrez-moi ce sein que je ne saurais voir : Par de pareils objets les âmes sont blessées, Et cela fait venir de coupables pensées.**
> Dorine : *Vous êtes donc bien tendre à la tentation, Et la chair sur vos sens fait grande impression !*
> • **Intervention** : ce sont les composantes monologales d'un échange ; par exemple, un échange binaire est composé de deux interventions (question/réponse). Une réplique (appelée aussi « tour de parole ») peut comporter plusieurs interventions (par exemple, une réaction à la réplique de l'interlocuteur et une initiative).
> • **Acte de langage** : voir *supra*.

Dans un dialogue, il faut aussi s'intéresser à l'organisation des tours de parole (équilibrée, déséquilibrée, silences, interruptions, chevauchements) et à la hiérarchie entre les interlocuteurs qu'elle manifeste.

Cette présentation très rapide de la pragmatique linguistique s'est limitée à certains aspects essentiels utiles en stylistique, particulièrement en ce qui concerne l'approche linguistique de l'implicite et l'analyse des dialogues.

V. La sémiotique

Comme nous l'avons dit dans le chapitre précédent, la sémiotique est la science générale des signes et de la signification. Elle englobe le linguistique et le non-linguistique.

> ## Quelques repères dans les théories sémiotiques
>
> Un de ses plus grands théoriciens, **Charles Sanders Peirce (1839-1914)** distingue le **signe** (appelé aussi **representamen**), son **objet** et ses **interprétants** : le signe peut être linguistique ou non, social ou non. Ainsi, l'objet « feu » peut être signifié par différents signes : de la fumée (phénomène physique, non linguistique), ou

le mot « feu » (signe linguistique) ; les interprétants sont les idées ou concepts qui permettent de faire le lien entre le signe et l'objet. Ces interprétants peuvent être nommés par d'autres signes (sont des objets correspondants à d'autres signes) en relation avec d'autres interprétants. D'autre part, Peirce distingue trois types de signes : les **signes iconiques**, qui représentent directement l'objet (un portrait, par exemple) ; les **signes indiciels**, qui indiquent, selon un rapport associatif de l'ordre de la logique (cause/conséquence) : ainsi, la fumée est l'indice du feu ; enfin, les **signes symboliques** entretiennent un rapport associatif (forme, apparence ou trait logique ou analogique avec l'objet), mais surtout ils sont le résultat d'un choix conventionnel : ainsi, la balance est le symbole de la justice.

Alors que Peirce défend une théorie triadique (signe/objet/interprétant ; icône/indice/symbole), **Saussure (1857-1913)** conçoit pratiquement simultanément et en ignorant le travail de l'Américain une théorie fondamentalement dyadique (signe /référent ; signe = signifiant + signifié) ; alors que Peirce ne privilégie nullement le langage dans sa théorisation de la signification, pour Saussure, le langage est la modélisation essentielle de toute sémiotique.

Dans le prolongement des idées de Saussure, le danois **Louis Hjelmslev (1899-1965)** oppose le plan de l'expression (qui structure le signifiant) et le plan du contenu (qui structure le signifié) ; chacun des deux plans se subdivise en forme et substance, ce qui donne la quadripartition suivante :

– **Substance du contenu** : le sens, le contenu informatif d'un message (quel que soit son support, verbal ou non verbal).

– **Forme du contenu** : la mise en forme du contenu selon des codes préexistants : ces codes sont de tous genres ; pour la littérature, on peut considérer que relèvent de la forme du contenu toutes les déterminations génériques au sens large du terme (roman vs poésie ou théâtre, description vs récit, etc.).

– **Substance de l'expression** : le support d'expression choisi : graphisme, dessin, son.

– **Forme de l'expression** : c'est la mise en forme de la substance de l'expression ; c'est pourquoi, pour les arts, la notion recouvre à peu près ce qu'on appelle couramment style, et pour l'art verbal qu'est la littérature, ce que la tradition rhétorique nomme l'élocution (dont fait notablement partie l'utilisation des figures).

La stylistique est intéressée par la sémiotique, dès lors que l'on considère le texte comme une forme sémiotique qui affiche une signification.

De ce point de vue, deux grandes perspectives se dégagent : d'une part, étudier comme des formes sémiotiques des types de texte ou d'expression (littéraires ou non) ; ainsi a-t-on pu travailler à des sémiotiques du récit, de la description ou de l'ironie ; d'autre part, envisager le texte littéraire comme un objet sémiotique particulier, dont la signification est d'indiquer (entre autres) du littéraire : en ce dernier sens, on peut dire que la stylistique est une sémiotique du littéraire.

On retrouve alors, semble-t-il, en partie, les objectifs de la poétique, qui traque la littérarité ; néanmoins, la perspective s'est déplacée, car la sémiotique du littéraire s'inscrit dans une sémiotique générale, ce qui signifie qu'elle compte parmi ses préoccupations, d'une part la recherche de la spécificité de la sémiose artistique, et d'autre part, parmi les différentes sémioses artistiques, la spécificité de la sémiose verbale par opposition aux sémioses non verbales, ainsi que les points de passage de l'une aux autres. Ce sont ces dernières recherches que G. Molinié intitule « sémio-stylistique ».

Nous allons donc donner les éléments utiles à connaître dans les domaines de la sémiotique du récit, de la description, de l'ironie et, pour finir, quelques éléments de sémiostylistique.

▶ Sémiotique narrative

Nous ne reviendrons pas sur les célèbres travaux du formaliste russe Vladimir Propp à propos des contes populaires : c'est lui qui a fondé la sémiotique narrative en montrant que dans ces contes on retrouve toujours les mêmes postes actantiels (sujet, objet, destinateur (instigateur de l'action, etc.) ; les travaux de Propp ont été élargis et systématisés à tout type de récit, en particulier par l'école de sémiotique de Paris (A. J. Greimas) pour aboutir au schéma suivant :

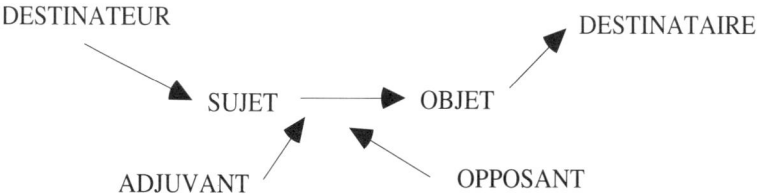

DESTINATEUR

DESTINATAIRE

SUJET   OBJET

ADJUVANT   OPPOSANT

Le sujet, poussé par le destinateur (qui peut être un personnage ou une force morale, par exemple une passion) poursuit un objet (animé ou non) au profit du destinataire (personnage ou force morale) ; tout ce qui l'aide dans son action est dit « adjuvant », tout ce qui entrave cette action est dit au contraire « opposant ».

Le schéma narratif est constitué de cinq étapes essentielles : l'état initial (l'équilibre de départ ; par exemple dans *L'Éducation sentimentale*, le départ de Frédéric Moreau pour la capitale), la complication (un événement vient rompre l'équilibre initial ; par exemple, la rencontre avec Mme Arnoux : « Ce fut comme une apparition. »), la dynamique (les tentatives pour rétablir l'équilibre, les péripéties), la résolution (l'événement qui résout la complication ; la dernière rencontre entre Frédéric et Mme Arnoux : « La vue de votre pied me trouble. »), l'état final (le nouvel équilibre ; Frédéric et Deslauriers font le bilan de leur vie : « C'est ce que nous avons eu de meilleur ! »).

Claude Bremond a donné dans *Logique du récit* (Seuil, 1973) la définition suivante des constituants du récit :

> Que par ce message, un sujet quelconque (animé ou inanimé, il n'importe) soit placé dans un temps *t*, puis *t+n*, et qu'il soit dit ce qu'il advient à l'instant *t+n* des prédicats qui le caractérisaient à l'instant *t*.

Cette définition dégage en fait les critères suivants :
– unité thématique (« un sujet ») ;

- succession d'événements (« temps t, puis $t+n$ ») ;
- transformation des prédicats[1] (« ce qu'il advient à l'instant $t+n$ des prédicats qui le caractérisaient à l'instant t »).

On peut ajouter la célèbre définition de Sartre[2] : « Le récit explique et coordonne en même temps qu'il retrace, il substitue l'ordre causal à l'enchaînement chronologique. »

De telles approches sémiotiques sont utiles en stylistique pour situer un texte dans une typification générique. Elles permettent d'opposer le récit à d'autres types de séquences telles que la description ou le dialogue. Elles sont à utiliser en s'appuyant sur l'observation du matériau langagier : par exemple, examen du jeu des pronoms (pour l'unité du sujet), sémantisme des verbes (verbes d'action plutôt que verbes d'état), temps verbaux, liens temporels et/ou logiques, etc.

▶ Sémiotique de la description

La description s'oppose au récit. Elle constitue une sorte de séquence autonome, d'une certaine longueur[3], « unité détachable » (Ph. Hamon), voire « amovible » (G. Molinié). Elle se signale en tant que telle par son bornage et par sa configuration interne.

Ph. Hamon a montré que son début se marque par :

des signaux typographiques (blanc, alinéa), morphologiques (changements de modes et de temps par rapport au texte enchâssant), intrusions du narrateur (annonçant lui-même qu'il va faire ou vient de faire une description), introduction de termes métalinguistiques[4]

---

1. Par analogie avec la logique, qui oppose le sujet, ce dont on parle, et le prédicat, ce qu'on affirme du sujet, la sémiotique narrative oppose le sujet narratif et les prédicats narratifs (ce qui est dit du sujet, ce qui lui arrive).
2. J.-P. Sartre « Explication de l'*Étranger* », *in Situations I*, Gallimard, p. 147.
3. Il convient de distinguer une description, passage qui forme un tout et qui se trouve enchâssé ou non dans une œuvre plus vaste, et les simples traits descriptifs, qui n'interrompent pas le récit.
4. Terme métalinguistique : terme qui décrit un aspect de la langue.

(portrait, description, paysage...) au voisinage du titre ou pantonyme, prétéritions diverses (« un spectacle indescriptible... », « quel pinceau saurait rendre... », « une chose innommable... »), etc., qui peuvent se conjuguer et se cumuler pour annoncer au lecteur que l'énoncé va (ou vient de) se placer sous une dominante descriptive.

Le thème de la description — son **pantonyme** — peut être nommé dès le début. (On parle alors d'**ancrage référentiel par le thème-titre** (J.-M. Adam) : le référent de l'objet ou de l'être décrit est signifié par une dénomination — nom propre ou nom commun — qui pourrait servir de titre au passage) :

> **Eugène de Rastignac** avait un visage tout méridional, le teint blanc, des cheveux noirs, des yeux bleus. Sa tournure, ses manières, sa pose habituelle dénotaient le fils d'une famille noble, où l'éducation première n'avait comporté que des traditions de bon goût. (Balzac, *Le Père Goriot*)

– Ou bien n'être donné qu'à la fin (procédure d'**affectation du thème-titre**) :

> Parmi les dix-huit convives il se rencontrait, comme dans les collèges, comme dans le monde, une pauvre créature rebutée, un souffre-douleur sur qui pleuvaient les plaisanteries [...]. Ce *Patiras*[1] était l'ancien vermicellier, **le père Goriot**. (Balzac, *Le Père Goriot*)

– Ou bien encore être donné au début et repris à la fin en modifiant le thème-titre initial (**reformulation du thème-titre**) :

> **M. Jo** était l'enfant dérisoirement malhabile de cet homme inventif. Sa très grosse fortune n'avait qu'un seul héritier, et cet héritier n'avait pas une ombre d'imagination (...). Ce fut là **l'amoureux qui échut à Suzanne**, un soir à Ram. (M. Duras, *Un barrage contre le Pacifique*)

L'ancrage référentiel par le thème-titre est la manière la plus courante de présenter une description ; la procédure de reformulation accentue la clôture et donc l'autonomie de la description, tout en précisant ou en soulignant souvent le véritable enjeu du passage (ainsi le contraste entre la description dysphorique de M. Jo et le titre euphorique d'amoureux que lui confère la fin du texte remotive fortement le Sé

---

1. « Terme populaire. Homme, enfant ou animal servant de jouet ; souffre-douleur » (Littré).

du verbe « échoir » : ce n'est pas un amoureux, c'est un coup du sort !) ; enfin, la procédure d'affectation du thème-titre à la fin est la plus marquée, créant un horizon d'attente très tendu, mettant très fortement en relief l'objet décrit.

La structure interne d'une description s'organise selon des procédures dites d'**aspectualisation** : on présente le sujet ou l'objet décrit sous un certain nombre d'aspects (selon le principe de la liste, de la nomenclature), à partir d'un certain nombre de prédications. Elle peut aussi organiser ces prédications grâce à des **métaphores ou à des comparaisons** : l'objet décrit est assimilé (globalement) à un autre (procédure d'**assimilation**). Enfin, chaque aspect de l'objet décrit peut devenir à son tour le thème-titre d'une autre description : on parle alors de **thématisation**.

Un système descriptif peut donc être défini comme « un jeu d'équivalences hiérarchisées : équivalence entre une *dénomination* (un mot) et une *expansion* (un stock de mots juxtaposés en liste, ou coordonnés et subordonnés en un texte). » (Ph. Hamon)

La description soulève d'autres interrogations relevant de la sémiotique : problème **énonciatif** (qui décrit ?), problème **fonctionnel** (à quoi sert une description, puisqu'elle est amovible ?), et problème **esthétique** (comment retenir l'attention du lecteur sur un passage qui n'est apparemment pas indispensable ?).

Le **descripteur** manifeste sa personnalité à travers un certain nombre de marques langagières qui intéressent la stylistique. Ainsi, le roman naturaliste zolien présente de nombreux cas de « descripteurs savants », établissant une nomenclature détaillée ressemblant à celle d'un dictionnaire ou d'une encyclopédie ; le lexique utilisé par un tel descripteur est donc marqué comme technique ; un roman de Flaubert peut présenter un descripteur ironique ou critique (ainsi la casquette de Charles Bovary est-elle « une de ces pauvres choses [...] dont la laideur muette a des profondeurs d'expression comme le visage d'un imbécile » : la lecture stylistique mettra en évidence une isotopie[1] du manque, du handicap à travers un lexique dysphorique : pauvres = qui manquent du nécessaire / laideur = manque de beauté / muette = qui est privée de la parole / imbécile = qui manque d'esprit). Cette étude sera mise en relation avec l'analyse des focalisations, puisque bien souvent la description est embrayée par une focalisation interne.

La description peut avoir diverses fonctions : elle peut être **ornementale** ; mais le plus souvent, elle est **significative**, qu'elle soit **didactique** — la description a une valeur documentaire —, **explicative** — la description permet de comprendre tel ou tel élément de l'action (une description topographique permet de comprendre les déplacements des personnages ; le portrait du père Grandet et particulièrement l'évocation de sa verrue sur le nez en forme de loupe miroitant à la vue de l'or, font de l'avarice du personnage un ressort essentiel du drame) —, ou **symbolique**[2] : un lien métaphorique ou métonymique unit l'objet décrit et le personnage (paysage-état d'âme par exemple). L'analyse stylistique précisera la fonction de la description ; particulièrement lorsqu'elle est significative, l'étude des figures permettra de préciser la portée du passage.

Enfin, l'étude stylistique sera intéressée par les procédures de **naturalisation** de la description, c'est-à-dire par les moyens utilisés pour que le lecteur accepte de lire la description : les moyens les plus couramment utilisés sont la focalisation interne (on décrit parce que l'objet décrit occupe l'esprit du personnage), une prétérition hyperbolique (« un spectacle indescriptible », « une chose innommable »), et le

---

1. Isotopie : ce mot sera défini plus précisément dans le chapitre sur le lexique. Pour l'instant, disons qu'il s'agit de la présence redondante d'un élément de signification.

2. Les fonctions didactique, explicative et symbolique peuvent aisément se cumuler (voir par exemple les descriptions du grand magasin dans *Au bonheur des dames*).

traitement de la description sur le mode narratif ; le portrait
de Madame de Mortsauf dans *Le Lys dans la vallée* cumule les
trois procédés :

> Je regardai ma voisine *(embrayage de la focalisation interne)* et fus
> plus ébloui par elle que je ne l'avais été par la fête *(prétérition
> hyperbolique)* ; elle devint toute ma fête [...]. Mes yeux furent tout à
> coup frappés par de blanches épaules rebondies sur lesquelles
> j'aurais voulu pouvoir me rouler, des épaules légèrement rosées qui
> semblaient rougir *(narrativisation)* comme si elles se trouvaient nues
> pour la première fois [...]. Je me haussai tout palpitant pour voir
> *(focalisation interne, narrativisation, hyperbole)* le corsage et fus
> complètement fasciné par une gorge chastement couverte d'une
> gaze...

L'étude stylistique relèvera la présence de ces éléments,
ou bien au contraire notera leur absence ou même leur refus
affiché à interpréter alors comme un contre-marquage[1] de la
description : ainsi Flaubert embraye-t-il une description en
contre-marquage ironique par rapport à Monsieur Homais
qui vient de s'extasier sur un bâtiment ; on remarquera en
effet la présence d'une hyperbole dévalorisante (une tapi-
nose) « rien n'était moins » qui permet malgré tout la jus-
tification de la description... :

> Rien pourtant n'était moins curieux que cette curiosité.

> **L'étude stylistique utilisera les apports de la sémiotique :**
> • pour repérer les marques de bornage et de naturalisation de la
> description, ainsi que sa structure ;
> • pour interroger le statut énonciatif du texte ;
> • pour analyser le matériel lexical utilisé : nombreux substantifs
> en relation métonymique (parties de l'objet à décrire — hypo-
> nymes — ou bien objet(s) qu'on lui associe généralement), syno-
> nymique ou métaphorique, analogique avec le pantonyme ; nom-

---

1. En stylistique, on appelle marquage ou élément marqué un élément
   typique d'une certaine structure (ici typique de la description) ; le contre-
   marquage est la rupture de cette espèce de contrat ; la rupture peut
   s'effectuer soit par rapport à ce que Genette appelle un architexte (voir
   supra p. 38), soit par rapport au texte lui-même (par exemple utilisation
   d'un présent de narration au milieu d'un texte au passé simple).

breuses structures caractérisantes, c'est-à-dire des adjectifs ou leurs équivalents que sont certaines subordonnées relatives, certains compléments du nom, certaines métaphores (« l'aurore aux doigts de rose » comporte ainsi un complément du nom métaphorique) ;

• pour analyser les structures phrastiques : l'empilement des prédications caractérisantes est naturellement accompagné de phrases souvent longues, à parallélisme nombreux ;

• pour l'analyse des figures[1] :

– figures microstructurales de métaphores, comparaisons et métonymies ;

– figures macrostructurales :

- d'une part les lieux (déjà évoqués à propos de la rhétorique), qui établissent une nomenclature des descriptions : prosopographie (portrait physique), éthopée (portrait moral), topographie (description d'un lieu) ;

- d'autre part la figure d'hypotypose (il s'agit d'une représentation très vive, et parcellaire, un peu comme si on avait devant les yeux une série de gros plans disjoints que le récepteur doit remettre en ordre pour interpréter globalement le tableau[2]) ;

- d'autre part les figures d'amplification (une unique information est développée de différentes manières), en particulier la paraphrase qui « consiste à développer une information centrale, un thème essentiel, en une série d'indications secondaires, de monnayages indicatifs, qui en donnent autant d'aspects, de détails ou d'illustrations différentes » (G. Molinié, *Dictionnaire de rhétorique*), et la gradation ;

- la figure de conglobation, souvent liée à un ancrage référentiel par affectation ; cette figure consiste à ne pas donner directement la signification du passage ; celle-ci n'est dévoilée qu'à la fin ou bien grâce à une lecture globale du texte : elle résulte d'une accumulation de traits redondants (c'est pourquoi la conglobation est aussi une figure d'amplification). Voici un exemple dans lequel la figure est réalisée grâce à un ancrage référentiel par

---

1. Pour la définition de toutes ces figures, voir *infra* le chapitre sur les figures.

2. Voir le portrait de Mme de Mortsauf cité ci-dessus. Précisons ici que l'hypotypose peut avoir un thème statique (un objet, une personne) ou bien dynamique (un récit d'actions) ; ainsi, l'une des hypotyposes les plus célèbres de la littérature est le récit par Théramène de la mort d'Hippolyte dans la *Phèdre* de Racine.

affectation, le dernier vers élucidant le thème de la description qui
s'est développée au moyen de traits successifs et redondants :

Ce soir un soleil fichu gît au haut du coteau
Gît sur le flanc, dans les genêts, sur son manteau :
Un soleil blanc comme un crachat d'estaminet
Sur une litière de jaunes genêts,
De jaunes genêts d'automne.
Et les cors lui sonnent !
Qu'il lui revienne !...
Qu'il revienne à lui !
Taïaut ! taïaut ! et hallali !
Ô triste antienne, as-tu fini !...
Et font les fous !...
Et il gît là, comme une glande arrachée dans un cou,
Et il frissonne, sans personne !...
Allons, allons, et hallali !
C'est l'hiver bien connu qui s'amène.

(J. Laforgue, *Derniers vers*)

On pourra ainsi montrer comment la description étudiée
manifeste sa ou ses fonctions.

▶ Sémiotique de l'ironie

Parler de sémiotique de l'ironie peut paraître paradoxal,
puisque justement, elle se signale si peu, semble-t-il, que l'on
a pu songer à créer un signe de ponctuation particulier pour
l'indiquer, et que nombre de récepteurs d'un propos chargé
d'ironie ne la perçoivent pas[1]. Pourtant certains signaux
peuvent être décelés.

Tout d'abord, le texte ironique présente « une sorte de
scène regroupant cinq acteurs types dotés de fonctions cons-
tantes (mais qui peuvent être présents ou absents, cumulés
ou disjoints, uniques ou démultipliés, spécialisés ou échangeant leurs fonctions sur la scène du texte) » schématisées de

---

1. On sait par exemple que de nombreux contemporains de Montesquieu
crurent que son texte sur l'esclavage des nègres dans l'*Esprit des
lois* défendait réellement les thèses esclavagistes.

la manière suivante par Ph. Hamon (« Stylistique de l'ironie » *in* G. Molinié et P. Cahné, *Qu'est-ce que le style ?*) :

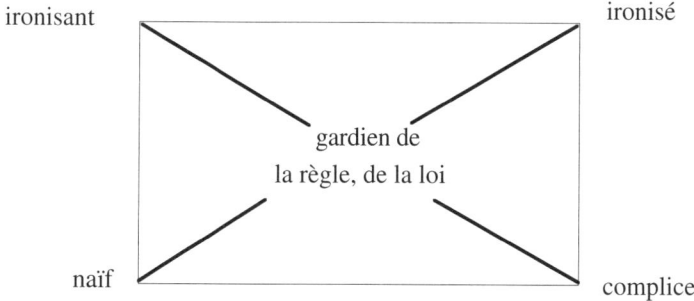

ironisant   ironisé

gardien de
la règle, de la loi

naïf   complice

D'autre part, l'ironie orale, non littéraire, se signale par
l'intonation et par des mimiques souvent caricaturales, d'où
l'analyse qui voit dans l'ironie un phénomène de « **mention** » (Sperber et Wilson) d'un autre texte dont on se
moque ; on retrouve ici aussi l'analyse énonciative
d'O. Ducrot (*Le dire et le dit*) pour qui l'ironie est un phénomène de **polyphonie** : tout se passe comme si le locuteur
L citait en s'en démarquant (c'est-à-dire en les dénonçant
comme ridicules ou comme absurdes) les propos d'un énonciateur E. Le texte littéraire, énoncé écrit et différé, donc
privé de la mise en présence physique de l'émetteur et du
récepteur, marque cette distanciation ironique par différents
moyens :

- **le paratexte** : le titre ou le sous-titre préviennent du
  caractère ironique du texte ;
- **le contexte** : souvent l'ironie apparaît dans une structure énonciative enchâssée, qui matérialise en quelque
  sorte le dédoublement énonciatif à la base du phénomène d'ironie ; ainsi, ce dédoublement apparaît-il nettement dans le texte de Montesquieu sur l'esclavage,
  puisque d'emblée, la situation énonciative est placée
  sous le régime de l'irréel (on notera de plus le nouvel
  alinéa après les deux points, ainsi que la majuscule, qui

achèvent de donner un statut de citation distanciée aux
arguments qui vont suivre) :

> Si j'avais à soutenir le droit que nous avons eu de rendre les nègres
> esclaves, voici ce que je dirais :

Fréquemment cette distanciation ironique a comme support énonciatif le discours indirect libre, qui exalte l'ambiguïté de la figure (la distanciation est difficile à mesurer),
comme dans ce passage de *L'Éducation sentimentale* décrivant
Frédéric désœuvré observant les passants :

> Il se sentait tout écœuré par la bassesse des figures, la niaiserie des
> propos, la satisfaction imbécile transpirant sur les fronts en sueur !
> **Cependant, la conscience de mieux valoir que ces hommes
> atténuait la fatigue de les regarder.**

– **la typographie** : l'exemple de Montesquieu montre le
rôle que peut prendre la disposition des paragraphes ;
l'auteur peut également jouer sur la ponctuation
(notamment point d'exclamation ou points de suspen-
sion) pour marquer la distanciation ironique ; enfin, les
italiques, les parenthèses et les tirets sont des moyens
privilégiés de signaler la mention ironique :

> Homais parlait. Il expliquait à *la compagnie* l'importance future de
> cet établissement… (Flaubert, *Madame Bovary*)

– **les figures** : pour se signaler, l'ironie privilégie d'une
part les figures d'hyperbole (le récepteur percevant
l'exagération peut ainsi percevoir la distanciation ironique) et les figures d'opposition telles que l'oxymore
(alliance de deux termes de sens opposé : « un jeune
vieillard », « se hâter lentement »), l'antiphrase (« Belle
idée ! ») le paradoxe (idée contraire à la *doxa*, à l'opinion commune, qui peut aller jusqu'à l'absurde) :

> Il était décidé par l'université de Coïmbre que le spectacle de
> quelques personnes brûlées à petit feu, en grande cérémonie, est un
> secret infaillible pour empêcher la terre de trembler. (Voltaire,
> *Candide*)

Enfin, nous terminerons cette présentation de l'ironie, en
rappelant que l'ironie est aussi (ou d'abord) **une figure**

macrostructurale, c'est-à-dire n'apparaissant pas *a priori* à la réception, et non isolable sur des éléments formels, c'est-à-dire pouvant persister même si l'on modifie l'expression : d'où la multiplicité des éléments susceptibles de la signaler, sans pour autant être obligatoires, ni, à l'inverse, exclusifs les uns des autres.

> Autrement dit, dans le cas de l'ironie littéraire, on peut sans doute totalement confondre sémiotique et stylistique. L'étude stylistique se doit donc d'étudier les signaux de l'ironie, la manière dont elle est mise en place (notamment sur le plan énonciatif) et de tenter de mesurer son efficacité pragmatique (notamment en prenant en compte le degré de complexité de son fonctionnement sémiotique) : il est évident qu'un passage ironique réduit à une antiphrase est peut-être moins chargé de littérarité que le dernier passage de *Candide* cité ci-dessus où se cumulent le paradoxe, l'hyperbole (« secret infaillible »), la litote qui consiste à dire le moins pour exprimer le plus (« brûlées à petit feu »)…

▶ Sémiostylistique

Le terme de sémiostylistique utilisé par G. Molinié pour désigner ses propres théorisations est révélateur de son projet : créer une stylistique qui soit une sémiotique[1], et plus précisément, une sémiotique des arts.

Bien que notre présentation se limite ici à la sémiostylistique appliquée à la littérature, nous ne pouvons passer sous silence l'intérêt des recherches en **intersémiotique des arts** (définie comme « l'étude des traces du traitement sémiotique d'un art dans la matérialité du traitement sémiotique d'un autre art […]. L'on cherche à savoir comment il y a du cinématographique dans un roman de Malraux, du musical dans *La Recherche*, du théâtral dans la peinture de Delacroix,

---

1. « La sémiostylistique est bien une stylistique : elle scrute les lignes d'une esthétique (verbale) ; elle est aussi une sémiotique », *Approches de la réception*, p. 9.

du pictural dans la musique de Debussy[1]. ») et en **trans-sémiotique** (définie comme la réalisation d'une même esthé-tique à travers des arts différents, par exemple l'esthétique baroque à travers la littérature, la peinture et la musique).

Le point de départ de l'approche sémiostylistique[2] est de considérer tout texte littéraire, même si c'est un récit, comme un discours produit par un émetteur à destination d'un récepteur ; l'un des problèmes sera de démêler qui sont ces instances émettrices et réceptrices. La seconde hypothèse de travail est de considérer que c'est le récepteur, et le récepteur seul[3], qui érige le texte en œuvre littéraire : si le texte n'est pas perçu comme littéraire par le lecteur, s'il ne lui procure pas une émotion esthétique, il n'existe pas véritablement en tant qu'œuvre littéraire pour ce récepteur. C'est pourquoi, il est peut-être plus exact de parler de littérarisation plutôt que de littérarité, même si, pour aller plus vite, nous conservons le terme de littérarité. Toute la question sera d'essayer de comprendre les conditions qui président à la perception du texte comme « corps esthétique ».

Le discours littéraire, pour être perçu comme tel, doit obéir à **trois « composantes définitionnelles » présentes simultanément** :

• **le discours littéraire a un fonctionnement sémiotique complexe** (*i.e.* pluriel). Cela signifie qu'un texte littéraire a d'une part un fonctionnement sémiotique ordinaire, non poétique : il véhicule une information, par exemple sur les faits et gestes d'un personnage de roman. Mais il a aussi, et simultanément, un autre fonctionnement sémiotique, par-ticulier celui-là, qui renvoie à des valeurs esthético-idéolo-giques. Ainsi, de manière très rapide, on peut dire que

---

1. G. Molinié, *Sémiostylistique : l'effet de l'art*, p. 41-42.
2. L'exposé qui suit résume brièvement la présentation de G. Molinié dans *Approches de la réception*, p. 9-61, en intégrant certaines précisions apportées dans *Sémiostylistique ; l'effet de l'art*.
3. Mais bien entendu, l'écrivain est le premier récepteur de son œuvre.

L'Assommoir peut être lu simultanément comme l'histoire d'un personnage nommé Gervaise, ouvrière au XIXe siècle, et comme une réalisation du projet zolien de roman expérimental (projet justement esthético-idéologique).

• **le discours littéraire est son propre référent (il est intraréférentiel)** : le discours littéraire crée son propre référent, son propre univers référentiel : c'est l'effet d'autarcie de l'œuvre, relevé par maints critiques. La littérature ne représente pas le monde, elle donne une image symbolique[1] d'une certaine catégorisation du monde par le langage, verbal ou non (G. Molinié appelle cette catégorisation *le mondain*, sans valeur péjorative, bien sûr) ; plus exactement le lecteur la perçoit comme intraréférentielle, de manière plus ou moins complexe :

> Si nous lisons aujourd'hui l'un des *Chats* de Baudelaire, [...] ce merveilleux animal renvoie[2] manifestement d'abord, à l'univers dont chaque poème construit l'atmosphère, puis à celui de tous les poèmes de Baudelaire qui en édifient la thématisation[3]. Mais en outre, ces chats passent pour nous par le prisme des discours sur eux que la critique a malignement élaborés [...] ; si l'on étend l'encyclopédie de ce lectorat privilégié, aimanté par la fascination des mêmes affinités, ces chats vont se surimpressionner sur ceux des tableaux aux féminités voluptueuses et étranges de Baltus[4]. Et sans doute pourrait-on continuer : chaque fois, du pur mondain, de la mondanisation extrêmement élaborée, multiplement médiatisée ; cette mondanisation est premièrement verbale, proprement baudelairienne, et c'est dans ce discours baudelairien que se structure la matrice du référent majeur de ces chats. (*Sémiostylistique* ; *l'effet de l'art*, p. 102)

• **Le discours littéraire est un acte.** Le discours littéraire n'a d'existence que s'il est perçu comme tel par son lecteur, s'il crée chez lui une émotion de type esthétique. Le terme de

---

1. Image qui est donc plus recréation, nouvelle création, qu'imitation au sens de reproduction exacte.
2. C'est-à-dire a pour référent.
3. La thématisation en stylistique, c'est la manière dont un texte construit un thème, un sujet.
4. Peintre contemporain.

littérarisation présente justement l'avantage de rendre compte de cette dynamique du fait littéraire, mais aussi, point extrêmement important, de sa **gradualité** : toutes les œuvres n'ont pas le même « **régime de littérarité** », c'est-à-dire que certaines paraissent plus littéraires que d'autres, et à l'intérieur de la même œuvre, on peut trouver des régimes plus ou moins élevés (ainsi, la fin de *La Chartreuse de Parme* peut paraître d'un moins haut régime de littérarité que le reste du roman).

La sémiostylistique distingue alors trois grands types de litté-rarité (à ne pas confondre avec les régimes de littérarité dont nous venons de parler) :
– **la littérarité générale** : ce sont les traits qui permettent de distinguer un texte littéraire d'un texte non littéraire.
– **la littérarité générique** : ce sont les traits qui permettent de situer un texte par rapport à diverses catégories génériques (c'est-à-dire en inclusion ou en exclusion ou même souvent en trans-gression des frontières de ces diverses catégories).
– **la littérarité singulière** : ce sont les traits qui permettent de distinguer l'écriture d'un individu ou d'une œuvre isolée de cet individu.

On se souvient enfin du postulat essentiel de la sémiosty-listique qui pose le texte littéraire comme discours. De ce fait, l'étude des réseaux énonciatifs sera particulièrement passée au crible grâce à la méthode de la **stylistique actantielle.**

La **stylistique actantielle** appréhende globalement tout texte littéraire comme organisé en trois grands niveaux subdivisibles ; chacun de ces niveaux est défini par une relation horizontale et orientée entre deux pôles, l'émetteur à gauche, et le récepteur à droite. Ces pôles sont des **actants** de l'énonciation (et non forcé-ment des acteurs).
Au **niveau I**, on a donc du côté du pôle émetteur l'instance responsable de la narration, la voix qui prend en charge la glo-

balité du texte ; du côté du pôle récepteur, on a le lecteur occurrent, concret. Entre ces deux pôles, matérialisé par la flèche, se trouve **l'objet du message (OdM)**.

Au **niveau II**, on trouve la représentation des paroles des personnages dans l'histoire, en tout cas des paroles rapportés par l'émetteur de niveau I.

Les niveaux I et II sont subdivisibles en I (1), I (2), etc., ou en II (1), II (2), etc. :

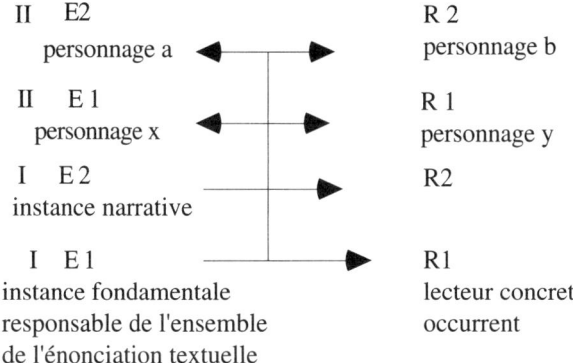

Le schéma rend compte d'un « feuilleté énonciatif » qui peut se gloser comme suit : au niveau de l'énonciation globale du texte (niveau I), l'instance fondamentale dit au lecteur qu'une autre instance a dit à un récepteur que le personnage x (au niveau II) a dit au personnage y qu'un personnage a a dit quelque chose à un personnage b[1]. Chaque niveau constitue l'objet du message du niveau qui lui est immédiatement inférieur. Dans le cas d'un monologue, le même actant peut se retrouver à la fois émetteur et récepteur :

II E   R
personnage x   personnage x

---

1. Les flèches sont à double sens quand le récepteur peut répondre à l'émetteur.

Le même actant peut se retrouver à plusieurs niveaux différents, soit en restant au même poste actantiel (il était émetteur au niveau I et il reste émetteur au niveau II), soit en l'inversant : on parle alors de remontée actantielle à droite quand l'actant est récepteur au niveau supérieur, et de remontée actantielle à gauche quand il est émetteur au niveau supérieur ; les remontées actantielles sont symbolisées par une flèche verticale à droite dans le premier cas, à gauche dans le second ; ce phénomène est particulièrement présent dans les récits à la première personne, autobiographiques ou non, dans lesquels le même JE est à la fois narrateur et personnage.

L'instance narrative fondamentale peut donc déléguer sa parole à d'autres instances (par exemple dans le cas de récits enchâssés, le narrateur fondamental délègue la narration à un narrateur second, ou bien — cas plus subtil —, le discours, la matière langagière du discours du narrateur premier laisse la place à une plus ou moins grande quantité de traces d'un discours de personnage au narrateur). Par exemple, à notre avis, c'est ainsi que l'on peut interpréter actantiellement le discours indirect libre en général ; reprenons l'exemple de Flaubert cité plus haut à propos de l'ironie :

> Cependant, la conscience de mieux valoir que ces hommes atténuait la fatigue de les regarder.

Il est clair que le connecteur argumentatif « cependant », ainsi peut-être que le verbe descriptif et évaluatif « atténuer » ont pour énonciateur le narrateur ironique ; en revanche « la conscience de mieux valoir que ces hommes » et « la fatigue de les regarder » représentent les pensées de Frédéric. La stylistique actantielle peut modéliser ce dispositif énonciatif de la manière suivante :

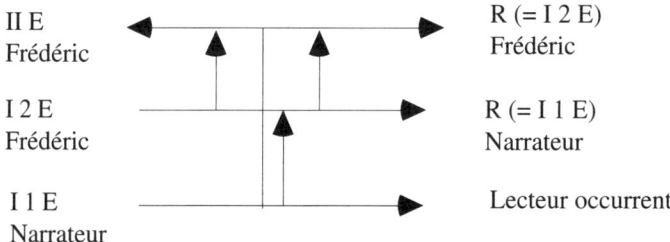

II E
Frédéric   R (= I 2 E)
                                            Frédéric

I 2 E
Frédéric   R (= I 1 E)
                                            Narrateur

I 1 E   Lecteur occurrent
Narrateur

Tout se passe donc comme si Frédéric ayant fait part de ses pensées au narrateur, celui-ci nous les rapportait en les distanciant ironiquement. On remarquera que le dispositif de subdivision du niveau I s'accompagne d'une remontée actantielle à droite et qu'une double remontée actantielle a lieu entre le niveau I et le niveau II.

Enfin, si tout niveau supérieur a pour récepteurs naturels les actants des niveaux inférieurs (ainsi le lecteur est le récepteur de paroles adressées par un personnage à un autre personnage), dans certains cas se produit un court-circuitage actantiel : un actant d'un niveau supérieur transgresse la frontière d'un niveau à l'autre et s'adresse directement à un actant de niveau inférieur : c'est ce qui se produit à notre avis dans certaines occurrences de discours direct libre, lorsque la parole du personnage paraît momentanément transgresser la dépendance énonciative du discours du narrateur pour parler directement, sans sa médiation ou, plus exactement, en bousculant sa médiation (sans la supprimer totalement) :

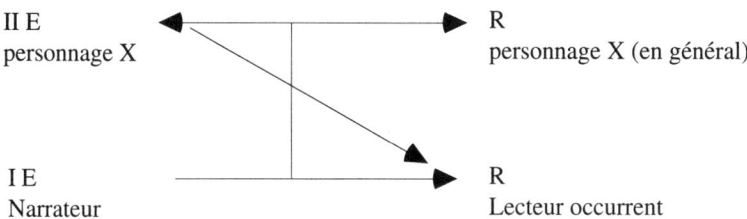

II E   R
personnage X   personnage X (en général)

I E   R
Narrateur   Lecteur occurrent

Les niveaux I et II rendent compte et permettent de modéliser tout le matériau langagier apparent dans le texte. Pourtant, un dernier niveau actantiel reste à présenter : c'est le plus profond, le niveau α, ainsi désigné par une lettre grecque et non plus par un chiffre romain, parce qu'il est totalement hétérogène aux autres. La relation entre l'actant émetteur et l'actant récepteur de ce niveau est strictement non réversible (flèche monodirectionnelle).

Le niveau α permet de représenter la place de l'œuvre dans l'univers culturel de réception, univers qui varie selon l'époque et le lieu. L'actant émetteur α — le scripteur — ne doit pas être confondu avec l'auteur : il est l'idée d'auteur, idée qui varie selon les environnements culturels : ainsi le scripteur du *Cid* n'est pas définissable de la même façon pour un homme du XVIIe siècle (à commencer pour Corneille lui-même) et pour un lecteur d'aujourd'hui. De même, dans l'espace, il est probable que le scripteur d'un haiku est défini comme plus exotique dans l'univers culturel occidental que dans l'univers culturel japonais.

Le niveau α est extrêmement important pour modéliser la notion de **pacte scripturaire**. Il existe une relation d'attente entre la production littéraire et le marché de la lecture. Ainsi, un livre sous-titré « roman » crée un certain horizon d'attente générique ; soit le livre répond entièrement à cette attente, soit il y répond partiellement, soit pas du tout. Ce degré de réponse aux attentes du public est appelé **tension du pacte scripturaire**. Soit cette tension est molle, voire nulle : il s'agit de la littérature industrielle, qui reproduit toujours les mêmes schémas, attendus du lectorat (par exemple, certains romans-feuilletons) ; soit il y a tension du pacte scripturaire lorsque l'œuvre prend des libertés avec les règles du jeu supposées admises, soit même il y a rupture du pacte scripturaire quand ces règles sont totalement niées.

La jouissance esthétique la plus grande se rencontre évidemment quand le lecteur ressent une tension du pacte scripturaire. Celle-ci peut être décelée globalement, mais aussi sur des détails du texte notamment quand on met en jeu l'intertextualité (ou ce que Genette appelle la transtextualité[1]) ; en voici un exemple, tiré de *La Chartreuse de Parme*, au moment où Fabrice essuie le feu de la bataille de Waterloo :

> Nous avouerons que notre héros était fort peu héros en ce moment.

La phrase est évidemment rendue fort ironique grâce à l'hypocorisme (« **notre** héros »), forme d'ironie nuancée de tendresse pour sa cible, grâce à la litote (« fort peu » pour « absolument pas ») et grâce à l'antanaclase, figure qui consiste à utiliser le même terme deux fois, mais avec des sens différents (ici le mot « héros » est utilisé successivement dans le sens de personnage principal de roman et dans celui de personne héroïque, très courageuse) qui met en relief l'écart entre le rêve de Fabrice de devenir un personnage héroïque et la réalité. Tout cela peut se schématiser grâce à un dédoublement du niveau I, avec une double remontée actantielle du narrateur, telle que nous l'avons déjà rencontrée plus haut :

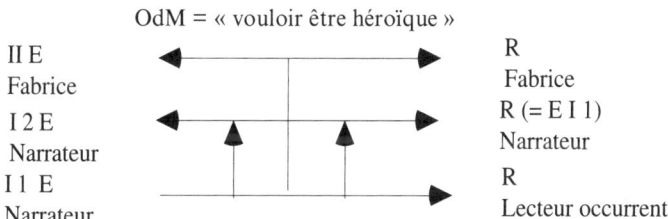

OdM = « vouloir être héroïque »

II E	R
Fabrice	Fabrice
I 2 E	R (= E I 1)
Narrateur	Narrateur
I 1 E	R
Narrateur	Lecteur occurrent

Mais peut-être que le lecteur, suivant son niveau de culture, sera sensible à une ironie plus subtile qui aurait pour cible les conventions du genre romanesque lui-même,

---

1. Cet appel à l'intertextualité permet de distinguer ce qui relève du niveau α de ce qui relève des niveaux I et II : en effet, rappelons que ces deux niveaux rendent compte de tout le matériau langagier du texte, tandis que le niveau α s'attache à modéliser ses structures profondes, non directement présentes dans le texte (G. Molinié parle de « traces » du niveau α dans le texte).

conventions qui ont tendance à vouloir que le héros de roman (le personnage principal) ait une conduite et une personnalité extraordinaires, idéales, bref héroïques[1]. Cette manipulation actantielle, d'ordre exclusivement esthético-culturel, faisant appel à des références intertextuelles, relève du niveau α et crée une tension du pacte scripturaire :

OdM = texte mettant en question les conventions de l'esthétique romanesque

α E   R
      scripteur de roman   public potentiel
                                                    lecteur de romans

On voit l'intérêt de la perspective sémiostylistique, telle qu'elle vient d'être exposée de manière rudimentaire, pour une étude stylistique *stricto sensu*, dans la mesure où cette théorisation tend à rendre compte de l'ensemble du matériau langagier du texte, mais le situe aussi interprétativement dans des champs intertextuels et génériques plus larges.

La théorisation sémiostylistique est évidemment beaucoup plus vaste que les éléments exposés ici et triés en fonction de leur utilité pour les usagers de ce livre consacré à la stylistique. Disons seulement qu'elle s'oriente comme une théorisation globale de la littérature au premier chef mais aussi de l'art en général, construite sur le modèle du simulacre érotique, et qu'elle pose de façon novatrice le problème de la dimension éthique et sociale de l'art pour l'homme contemporain (« l'après-Auschwitz »).

---

1. Un certain nombre de romanciers au XIXe siècle (Stendhal, Flaubert et Maupassant en particulier) battent en brèche cette convention ; au XVIIIe siècle, Diderot avec *Jacques le Fataliste* et Voltaire avec *Candide* l'avaient déjà sérieusement mise à mal.

Conclusion

Les pages qui précèdent ont permis de mieux saisir, nous l'espérons, les articulations qui existent entre la stylistique et certaines des disciplines qui entrent dans son champ de travail. Cette présentation n'a évidemment rien d'exhaustif et vise seulement à donner les outils les plus fréquemment utilisés, ainsi que leur mode d'emploi pour le commentaire stylistique. Après cette mise en situation, nous allons maintenant aborder les postes d'analyse stylistique.

Deuxième partie

POSTES D'ANALYSE

1

Introduction

I. L'objet de l'exercice de stylistique

Le commentaire stylistique proposé aux examens et aux concours porte toujours sur un texte littéraire ; selon les épreuves, le libellé du sujet ne donnera aucune orientation (« faire le commentaire stylistique », « étude stylistique », « étude de style ») ou bien au contraire délimitera des axes d'étude.

Dans le premier cas, il faudra construire un commentaire qui exploite les axes stylistiques dominants du texte, en essayant de ne rien omettre d'essentiel ; dans le second cas, on traitera la question demandée ; si l'on considère que d'autres aspects stylistiques sont essentiels dans le texte proposé, on tâchera de les aborder par le biais du sujet proposé, et en tout cas, on abordera prioritairement le point demandé.

Les questions posées peuvent être de plusieurs ordres (cette espèce de nomenclature peut d'ailleurs guider ses recherches lorsque l'on est face à un libellé qui ne donne aucune orientation).

- Une question purement technique :
  - étudier le lexique ;
  - énonciation et caractérisation ;
  - la phrase ;
  - le système des figures ;
  - étudier les adjectifs ;
  - etc.
- Une question d'ordre typologique (générique) :
  - le système de la description ;
  - le système de la narration ;
  - le traitement du romanesque (du dialogue théâtral, du conte, du début de roman etc.) ;
  - les marques stylistiques de la modernité ;
  - étude stylistique de l'argumentation ;
  - etc.
- Une question de tonalité :
  - étudier les marques stylistiques du lyrisme (du comique, du pathétique, etc.) ;
  - étudier le fonctionnement de l'ironie ;
  - les marques du discours polémique ;
  - etc.

Qu'il y ait ou non un libellé qui oriente le commentaire, celui-ci doit être construit (avec un plan aussi rigoureux que possible), mettre en œuvre des connaissances techniques et s'appuyer constamment sur le texte.

II. Ses buts

Quel que soit le libellé, il s'agit toujours de dégager les moyens qui permettent au texte de s'inscrire dans un genre, dans une esthétique, dans une tonalité ; de s'opposer aux mêmes catégories ; d'être singulier ; d'être perçu comme littéraire.

Ainsi, si l'on a à analyser une scène d'*Hernani*, on pourra dégager le système d'énonciation particulier au théâtre (genre), puis relever les traits stylistiques particuliers à l'esthétique romantique (mélange des genres tragique et comique par exemple, travail sur le lexique, énonciation de type souvent lyrique, structure de la phrase, structure des vers avec la désarticulation de l'alexandrin, etc.) ; la singularité du texte hugolien sera peut-être à trouver dans le système des figures fondé sur l'antithèse, sur les nombreuses marques du haut degré, sur les recherches de sonorités et de rimes, sur une versification fortement marquée de rejets et de contre-rejets, etc. L'analyse actantielle, l'étude du pacte scripturaire permettront aussi de mieux cerner la littérarité du texte.

III. Ses moyens

L'analyse stylistique passe donc par un « décorticage » du matériau langagier : quelles sont les caractéristiques du **lexique** utilisé dans le texte et comment s'organise son emploi ? Comment le matériau langagier réalise-t-il la **cohésion du texte et sa progression** ? Sur quelle(s) **structure(s) énonciative(s)** est construit le passage ? Quel type de **caractérisation** est mis en œuvre ? Quelles sont les **figures** et comment s'organisent-elles ? Quelle est l'**architecture phrastique** ? Chacune de ces questions constituera un poste d'analyse que nous allons détailler dans les chapitres suivants.

On doit mettre en perspective tous ces matériaux pour leur donner une **portée interprétative** grâce aux apports de la culture littéraire (le commentaire stylistique exige une culture littéraire certaine), notamment en utilisant l'intertextualité (ou la transtextualité), des notions de poétique, de rhétorique et de sémiotique[1].

Passons maintenant aux connaissances nécessaires à la collecte des matériaux.

---

1. Voir le chapitre 2 de la première partie.

2

Le lexique

La branche de la linguistique consacrée à l'étude du lexique s'appelle la lexicologie : elle a pour objet l'étude morphologique (formation, phénomènes de dérivation, variations et particularités orthographiques, etc.) et sémantique du vocabulaire. Pour la stylistique, ce sont surtout des notions de sémantique lexicale qui sont utiles, et dont nous allons faire la présentation ici. Puis nous quitterons le domaine de la lexicologie pour celui de la sémantique ; enfin nous passerons de l'unité lexicale à son intégration textuelle avec certaines notions de grammaire du texte.

I. La lexie

❱ Mot et lexie

Au sens strict, un mot est un groupe de lettres non séparées par un espace : on a ainsi défini le mot graphique ; mais comment compter des mots composés comme *tout à*

fait, compte rendu, pomme de terre, brosse à dents, ou bien des
unités figées comme *peu ou prou, d'ores et déjà,* dans lesquelles
ni *prou* ni *ores* n'ont un fonctionnement autonome en français
moderne ? On parle donc de **lexie pour désigner une unité
lexicale de sens** : une lexie peut se composer d'un ou
plusieurs mots.

▶ Lexie et signe

La lexie fonctionne comme un **signe** au sens saussurien[1].
Rappelons qu'elle est donc à appréhender comme biface : un
signifiant (Sa), c'est-à-dire une forme graphique et sonore,
correspondant à un **signifié (Sé)**, c'est-à-dire un concept ; en
langue, le signifiant n'est pas motivé par le signifié, même
lorsqu'il s'agit d'onomatopées, puisque celles-ci varient
selon les langues : c'est **l'arbitraire du signe**, fortement affir-
mé par Saussure.

En tant que signe, la lexie a un **référent** (objet du monde,
concret ou abstrait).

Le référent de la lexie se construit linguistiquement grâce
à l'**actualisation**, qui permet son passage de la langue à la
parole, c'est-à-dire son intégration dans le discours (au sens
large du terme) : ce sera donc par exemple le choix du déterminant (article défini, indéfini, partitif, ou même zéro ;
démonstratif, possessif, etc. ; singulier ou pluriel) pour un
substantif, le choix d'un temps et d'une personne pour un
verbe. Le locuteur actualise le Sé et lui donne un référent en
le situant par rapport à sa personne et à celle de son interlocuteur (par exemple en choisissant un déterminant possessif de la première personne), par rapport au lieu où il se
trouve (comparer « cette table-ci » désignant un objet proche
du locuteur, et « cette table-là » désignant le même objet plus
éloigné), et par rapport au moment où il parle (choix des
temps verbaux notamment) : pour désigner rapidement ces

---

1. Voir première partie, chapitre 1, p. 6-7.

trois types de repères référentiels, on dit que le discours est repéré par rapport au MOI, ICI, MAINTENANT du locuteur.

▶ Usage, mention, connotation autonymique

Soit les trois énoncés suivants :
1 – Pierre passe ses vacances dans son château.
2 – Le mot château est masculin.
3 – Le « château » de Pierre n'est qu'une bicoque.

Dans le premier, le mot *château* est utilisé avec son signifié de « maison royale ou seigneuriale » et surtout a un référent (réel ou imaginaire, vrai ou faux, peu importe) qui correspond à ce Sé. L'énoncé (1) **fait usage** de la lexie *château*.

Dans le second, le mot n'est utilisé que comme signe renvoyant à lui-même (ici, un mot de genre masculin) et non à un référent : il s'agit d'un énoncé métalinguistique, c'est-à-dire portant sur le code linguistique lui-même. L'énoncé (2) **fait mention** de la lexie *château* ; on dit aussi que *château* est en **emploi autonymique**.

Le troisième fait bien usage du mot *château*, dans la mesure où ce signe a un référent (la maison où Pierre passe ses vacances) en relation avec son Sé ; mais ici, le mot renvoie également à lui-même en tant que signe, les guillemets pouvant se gloser : le mot château (emploi autonymique) n'est pas le signe qui convient pour le référent. L'énoncé **fait donc à la fois usage et mention** de la lexie. On parle alors de **connotation autonymique**.

L'utilisation d'une lexie **en mention ou en connotation autony-mique** doit être systématiquement relevée dans un commentaire stylistique, car elle marque un décrochage énonciatif, soit pure-ment **métalinguistique** (et il faut toujours être attentif quand le discours littéraire se commente lui-même, surtout en tant que signe), soit **polyphonique** (mise à distance d'une parole, procédé souvent ironique, comme dans l'énoncé (3)). L'autonymie et la connotation autonymique peuvent être introduites de différentes manières : guillemets, italiques, lexique métalinguistique (le mot X, le terme X, le substantif Y, le verbe Z), gloses ou commentaires métalinguistiques (« son château, comme il dit... », « ce qu'il appelle son château... », « ce qu'on peut qualifier de château », etc.).

II. Analyse du signifié

▶ Analyse sémique (dite aussi analyse componentielle)

Le signifié d'une lexie peut être décomposé en une série d'unités de sens minimales appelées des **sèmes (ou traits sémantiques)**. L'ensemble des sèmes du Sé d'un mot constitue son **sémème**. Lorsqu'un sémème possède plus de sèmes qu'un autre, on dit qu'il est **marqué** par rapport à l'autre : ainsi, le sémème du mot *chaise* peut se décomposer en un certain nombre de sèmes (/siège/, /sur pieds/, /possédant un dossier/), mais le sémème de *fauteuil* est marqué par rapport à celui de *chaise* puisqu'il faut ajouter le sème /comportant des bras/.

Lorsque plusieurs mots (ou plus exactement plusieurs sémèmes) ont des sèmes en commun, l'ensemble de ces sèmes communs constitue l'**archisémème** de ces lexies. Ainsi, les mots *infirmière* et *boulangère* ont pour archisémème /être humain/, /de sexe féminin/, /exerçant un métier/. Un ensemble de mots partageant le même archisémème constitue un **taxème** : par exemple, *infirmière, boulangère, institutrice, couturière, banquière*.

Le sémème d'un mot peut être partagé en deux : d'une part, des **sèmes génériques** (dont l'ensemble est le **classème**) et d'autre part, des **sèmes spécifiques** (dont l'ensemble est le **sémantème**).

Un sème générique est un sème qui inscrit le Sé d'un mot dans une catégorie sémantique très générale[1] : si c'est un substantif, on pourra opposer nom propre *vs* nom commun, concret *vs* abstrait, être animé *vs* objet non animé, être humain *vs* animal, masculin *vs* féminin, etc ; si c'est un adjectif, on opposera adjectif qualificatif *vs* adjectif relationnel[2], adjectif classifiant *vs* adjectif non classifiant[3], adjectif transitif et adjectif intransitif[4] ; si c'est un verbe, on opposera des verbes dont le Sé comporte le trait /statique/ et ceux dont le Sé comporte le trait /dynamique/, des verbes intransitifs *vs* transitifs, personnels *vs* impersonnels ; on fera aussi jouer ces oppositions pour les traits sémantiques imposés au sujet (un verbe peut imposer un sujet animé ou au contraire inanimé) ou au complément d'objet.

Les autres sèmes participant au sémème sont dits des sèmes spécifiques.

L'analyse sémique est très utile en stylistique, car elle permet d'étudier l'organisation du lexique dans un texte, comme nous le verrons un peu plus loin, en cherchant des

---

1. Voir le tableau très éclairant de C. Fromilhague et A. Sancier dans *Introduction à l'analyse stylistique*, p. 65, dont je m'inspire fortement ici.
2. Un adjectif relationnel est un adjectif qui exprime une détermination du nom permettant au récepteur d'en identifier le référent ; ainsi, *la voiture présidentielle* (= la voiture du président), *la messe dominicale* (= la messe du dimanche) ; ces adjectifs ont des propriétés grammaticales spécifiques, notamment celles de ne pouvoir être employés au superlatif ou au comparatif (ou alors ils perdent leur qualité de relationnel et deviennent qualificatifs : ainsi *une voiture très présidentielle* est une voiture luxueuse, digne d'un président, mais ne donne pas d'indication sur son propriétaire et ne permet pas de la distinguer d'autres voitures luxueuses). Voir D. Denis et A. Sancier, *Grammaire du français*, article « Adjectif ».
3. Un adjectif classifiant est un adjectif dont le Sé est objectif (par exemple *célibataire, carré*), par opposition aux adjectifs non classifiants qui sont soumis à la subjectivité du locuteur (par exemple *grand, terrifiant, beau, affreux*, etc.).
4. Un adjectif transitif nécessite d'être suivi d'un complément de manière fixe, c'est-à-dire avec une préposition imposée (par exemple, *relatif à*).

constellations lexicales (champs lexicaux et sémantiques), les permanences et les ruptures sémiques (isotopies et allotopies).

▶ Sémantiques du prototype et du stéréotype

À côté des principes de la sémantique structurale, certains chercheurs ont proposé une autre structuration de la signification lexicale.

• Sémantique du prototype

Le prototype se définit comme « le meilleur exemplaire ou encore la meilleure instance, le meilleur représentant ou l'instance centrale d'une catégorie. [...] Pour la catégorie *fruit*, les sujets interrogés [...] ont donné la pomme comme meilleur exemplaire » (G. Kleiber, *La Sémantique du prototype*, PUF, 1990, p. 48).

• Sémantique du stéréotype

Chaque lexie se définit dans la conscience linguistique d'une communauté par un certain nombre de traits stéréotypés : ainsi *oiseau* a comme trait stéréotypé majeur / animal volant /, alors que l'on sait bien que certains oiseaux, tels que l'autruche, ne volent pas.

Il peut évidemment être très intéressant d'essayer de situer certaines lexies des textes littéraires par rapport à ces problématiques du prototype et du stéréotype pour voir dans quelle mesure le texte suit le modèle prototypique ou stéréotypique ou bien au contraire le bouscule. Ainsi, dans le texte de Laforgue cité plus haut (p. 40), l'adjectif *blanc* appliqué au soleil s'écarte du stéréotype selon lequel le soleil est un astre jaune ; en revanche, le même texte nous parle de « jaunes genêts », s'inscrivant là dans le stéréotype (on peut dire en effet que /jaune/ est un trait stéréotypique du genêt ou que le prototype du genêt est le genêt à fleurs jaunes — alors qu'il existe aussi des genêts à fleurs blanches) ; la stéréotypie lexicale est ici remotivée par le fait que le soleil et les

> genêts partagent le même trait stéréotypé, mais que le texte ne
> l'actualise que sur l'un des deux substantifs ; enfin, le trait stéréo-
> typé est en quelque sorte remotivé par l'intertextualité, le texte ne
> manquant pas d'évoquer d'autres descriptions littéraires de la
> nature[1].

▶ Dénotation et connotation

On peut définir la dénotation comme l'ensemble des
sèmes d'une lexie qui permettent d'en construire le référent.

La connotation, c'est tout ce que le mot suggère en plus
de la dénotation ; la connotation est donc un élément de
signification qui peut être inscrit en langue, voire répertorié
par les dictionnaires, qui peut aussi à l'inverse n'exister qu'à
une certaine époque, pour certains groupes sociaux, ou
même être un phénomène individuel.

Ainsi, les mots *nez* et *blair* ont la même dénotation : ils
désignent tous deux l'appendice nasal ; mais *blair* a une
connotation argotique que n'a pas le mot *nez*.

La connotation est un élément de signification qui
concerne l'ensemble du signe, en tant que Sa et Sé ;
Hjelmslev, repris ensuite par R. Barthes, définit la connotation de la manière suivante, que nous illustrons avec
l'exemple du mot *avare* (défini ainsi par le *Petit Robert* : « Qui
a la passion des richesses et se complaît à les amasser sans
cesse »), mot à connotation péjorative :

Dénotation	Sa avare	Sé (dénotatif) qui a la passion des richesses	
Connotation	Sa avare au sens de « qui a la passion des richesses »		Sé péjoratif

---

1. En particulier celle de Rousseau dans sa lettre à M. de Malesherbes, avec
    cette phrase célèbre : « L'or des genêts et la pourpre des bruyères frap-
    paient mes yeux d'un luxe qui touchait mon cœur. »

Même si le signifiant de connotation recouvre à la fois le Sa et le Sé de dénotation, on peut distinguer plusieurs types de Sa de connotation : ainsi le mot *avare* a une connotation péjorative que n'a pas le mot *économe* à connotation plutôt laudative. Le Sa de connotation est ici purement lexical ; on peut avoir d'autres Sa de connotation : un Sa phonétique (les différents phénomènes d'accents régionaux) ou grammatical (par exemple une construction archaïsante, telle que la place du pronom COD avant le verbe conjugué dans une séquence verbe conjugué+infinitif : « vous l'allez voir »).

Plusieurs types de Sé de connotation sont à distinguer :
– connotations de type **sociolectal** : il s'agit de marques connotatives qui sont communes à un groupe social qui partage une même origine géographique ou sociale : ainsi le sociolecte méridional est marqué par des Sa lexicaux (pitchoun, mas, coron, etc.), des Sa phonétiques (« le pauvre » prononcé avec un o ouvert), voire des Sa grammaticaux ; le sociolecte des ouvriers du XIXe siècle est traduit par Zola qui a recours d'une part à des marques de niveau de langage populaire[1], et d'autre part à un vocabulaire technique (par exemple pour évoquer le travail de la mine).
– connotations de type **axiologique** (c'est-à-dire exprimant un jugement de valeur) : ce sont toutes les connotations péjoratives ou laudatives, qui opposent par exemple *avare* à *économe*, *bellâtre* à *beau* (le marquage péjoratif s'effectue ici grâce à un morphème spécialisé, le suffixe -âtre), *masure* à *palais*.
– connotations de type **affectif**, qui s'inscrivent sur une échelle qui va de l'**euphorique** au **dysphorique**, c'est-à-dire de ce qui est agréable à ce qui est désagréable : ainsi l'adjectif *céleste* a une connotation euphorique, tandis que *malade* a une connotation dysphorique.
– connotations **esthétiques** : ce sont les connotations qui participent à l'inscription du texte en référence à une esthétique particulière, qu'il y adhère ou qu'il s'en distancie : ainsi, le dénouement de *Solal* d'A. Cohen est saturé de connotations bibliques, et précisément évangéliques, que nous soulignons :

---

1. Nous reviendrons plus bas sur la notion de niveau de langage.

> *Et voici, il **tressaillit et se leva**[1], et une femme jeta un voile sur Aude qui considérait le mystère de l'homme **mort et ressuscité**. Solal posa la main sur sa blessure, porta aux lèvres ses doigts trempés de **vin charnel** et **bénit** la vie.*
>
> L'étude des connotations est un poste essentiel de l'analyse stylistique, car c'est évidemment plus dans la connotation que dans la dénotation que se trouve l'espace de la littérarité.

▶ Polysémie

La **polysémie** se définit comme un phénomène lexical qui associe un seul Sa à plusieurs Sé : une lexie polysémique a donc plusieurs sémèmes. Ainsi, le mot *cour* est un bon exemple de polysémie, puisque le dictionnaire distingue au moins quatre Sé : 1) espace découvert entouré de murs, 2) résidence d'un souverain et de son entourage, 3) entourage du souverain, 4) assemblée (cour de justice, cour des comptes).

Généralement, la polysémie s'explique par des glissements de sens de type tropique : **métaphore** (c'est ainsi que le mot *bouton* qui désigne d'abord le bouton de fleur, désigne aussi le bouton sur la peau ou le bouton de veste), **métonymie** (figure de contiguïté : deux référents étant souvent associés, on utilise le Sa du premier pour dénoter le Sé du second ; c'est ce qui se passe entre les sens 1 et 2 du mot *cour*), **synecdoque** (figure d'inclusion : on désigne le tout par la partie ou la partie par le tout ; ainsi *toit*, couverture d'une maison, peut désigner l'ensemble de la maison — *avoir un toit*).

Enfin la **catachrèse** est une dénomination métaphorique ou métonymique lexicalisée pour des référents pour lesquels la langue n'a pas de termes propres : *le pied* d'un arbre, *la joue* d'un fauteuil, *les gorges* du Tarn ou *la gorge* d'une poulie, etc.

---

1. Cf. la résurrection de Lazare.

Linguistiquement parlant, l'on doit distinguer la polysémie et **l'homonymie** : deux homonymes sont deux mots
différents (dont les Sé n'entretiennent aucun rapport) mais
de forme semblable : ainsi, *la rate* femelle du rat et *la rate*
organe proche du foie sont des homonymes[1]. Mais, outre le
fait que la distinction linguistique entre mot unique mais
polysémique d'une part, et mots homonymes d'autre part
n'est pas toujours facile à faire, on voit que dans leur traitement littéraire, les deux phénomènes se confondent (sauf
pour certains calembours) et relèvent d'une analyse en
termes de polysémie. La polysémie est un des ressorts essentiels de la littérarité : elle permet par exemple « la chanson
grise où le précis à l'imprécis se joint », selon le vœu de
Verlaine. Cette hésitation du sens est aussi accumulation de
sens, enrichissement de la signification.

La polysémie est à la base de deux figures : l'antanaclase et la
syllepse de sens.

L'**antanaclase** consiste à employer deux fois de suite le même
mot avec des Sé différents : « Le cœur a ses raisons que la raison
ne connaît point. » (Pascal).

La **syllepse** de sens consiste à employer un mot dans une seule
occurrence qui cumule plusieurs de ses Sé : Ainsi, Verlaine
évoque un manège de chevaux de bois :

Tournez au son de l'accordéon,
Du violon, du trombone fous,
Chevaux plus doux que des moutons, doux
Comme un peuple en révolution. (Sagesse, III, 17)

La syllepse de sens porte sur le mot « révolution », qui est
engagé dans l'expression stéréotypée « peuple en révolution » qui
signifie « peuple cherchant à renverser le régime au pouvoir » ; or,
le cotexte remotive tout autant le sens premier de « mouvement
circulaire » : il est impossible de choisir entre les deux sens.

---

1. Une homonymie incomplète entre deux mots qui ne se distinguent que
par une partie minime de leur Sa s'appelle une **paronymie** ; par exemple
collusion/collision ; la paronymie est souvent à l'œuvre dans des proverbes (« Qui se ressemble s'assemble ») ou dans des jeux de mots.

III. Relations sémantiques

❱ Hyperonymes et hyponymes

L'hyperonyme (ou archilexème) est, quand il existe, la réalisation lexicale de l'archisémème : c'est donc une lexie dont l'ensemble des sèmes (le sémème) est compris dans le sémème d'autres lexies appelées hyponymes. Ainsi, *siège* est l'hyperonyme de *chaise, fauteuil, tabouret, divan, sofa, banc,* etc. Lorsque, comme ici, plusieurs hyponymes ont le même hyperonyme, ils sont dits co-hyponymes.

Du point de vue stylistique, le passage d'un hyperonyme à un ou plusieurs hyponymes, ou à l'inverse, le passage d'un hyponyme à son hyperonyme sont des phénomènes très révélateurs, d'une part sur la cohésion du texte (nous reviendrons sur cette notion) et d'autre part sur le mode de fonctionnement du texte : le passage de l'hyperonyme aux hyponymes marque une recherche de la précision et du détail qui caractérise souvent les textes descriptifs, comme dans la description de la pension Vauquer :

> Cette première pièce exhale une odeur sans nom dans la langue, et qu'il faudrait appeler *l'odeur de pension*. Elle sent le renfermé, le moisi, le rance ; [...] elle pue le service, l'office, l'hospice.

L'hyperonyme « odeur de pension » est développé par six hyponymes « le renfermé, le moisi, le rance, le service, l'office, l'hospice ». La particularité littéraire du passage, c'est que l'écrivain rend co-hyponymes les trois derniers mots qui, dans la langue, ne le sont pas : on remarque d'ailleurs le rôle de l'homéotéleute[1] qui naturalise et motive cette co-hyponymie textuelle. Le passage de l'hyperonyme aux nombreux hyponymes soigneusement disposés en groupes ternaires crée un vertige de l'odeur dramatiquement clos par une gradation de la déchéance sociale et physique.

---

1. Homéotéleute : rime en prose.

À l'inverse, on peut trouver le passage de l'hyponyme à l'hyperonyme, en particulier quand il s'agit de donner une portée générale au propos ; c'est pourquoi l'on trouve cette disposition dans maintes fables de La Fontaine, par exemple dans *Le chêne et le roseau*[1]. Le chêne est, sous nos climats, le prototype de l'arbre (la définition du *Petit Robert* montre en effet que les traits stéréotypés de l'arbre sont 1) la grandeur, 2) la présence de racines, d'un tronc et de branches). Le roseau n'a pas, au même degré, cette valeur prototypique : ses traits stéréotypés sont /plante (et non arbre, ni même arbrisseau) aquatique/, /à tige droite, lisse et creuse/, /flexible/.

Voyons maintenant comment sont désignés le chêne et le roseau dans la fable :

v. 1 — Le chêne dit un jour au roseau

v. 18 — Votre compassion, lui répondit l'arbuste,

v. 27 — L'arbre tient bon ; le roseau plie.

Le premier vers utilise les hyponymes *chêne, roseau*. Dans le vers 18, on trouve *arbuste*, censé être l'hyperonyme de *roseau* ; mais c'est un hyperonyme tout à fait approximatif, car le roseau est un végétal certes, mais non un arbre, ni même un abrisseau puisqu'il lui manque de posséder un tronc d'où partent des branches. Autrement dit le texte crée une relation d'hyperonymie qui n'existe pas en langue, pour opposer le chêne grand et fort au roseau petit et faible. Le vers 27 présente alors en antithèse l'hyperonyme *arbre* et le mot *roseau* (qui ici, n'est plus que très faiblement en relation d'hyponymie avec *arbuste*, et encore moins avec *arbre*, car ce qui est actualisé ici c'est le sème de la flexibilité) : le recours à l'hyperonyme marque le passage du particulier au général, et la valeur d'exemple de l'histoire ; peut-être est-ce pour

---

1. C. Fromilhaghe et A. Sancier présentent également une analyse de ce passage (*Introduction à l'analyse stylistique* p. 76) ; nous proposons ici une utilisation conjointe des problématiques de l'hyperonymie et des sémantiques du stéréotype et du prototype.

cela que le fabuliste n'a pas jugé utile de donner une morale à cette fable.

▶ Synonymes et antonymes

Le phénomène de la **synonymie** se définit par le fait qu'à plusieurs Sa correspond un seul Sé. Par exemple, *chanterelle* et *girolle* sont deux synonymes.

Comme la polysémie, la synonymie est un phénomène lexical ; lorsqu'il y a synonymie entre deux énoncés (et non plus entre deux lexies), il s'agit d'une figure appelée **expolition**. La synonymie peut être totale (c'est-à-dire concerner l'ensemble des Sé des deux lexies : c'est le cas pour *chanterelle* et *girolle* ; dans la réalité, cela ne concerne que des mots monosémiques) ou partielle (c'est-à-dire concerner une acception : ainsi, *maison* et *logement*, tous deux polysémiques ne sont synonymes que sur une partie de leurs acceptions).

En fait, il y a très peu de vrais synonymes : on ne les trouve guère que dans des lexiques techniques (par exemple *archilexème* et *hyperonyme*). Sinon, il existe toujours des différences qui font qu'il est plus exact de parler de **parasynonyme** ; ainsi, *nez* et *blair* sont des parasynonymes, car, s'ils ont le même référent, ils n'ont pas la même Sé de connotation ; *modestie* et *humilité* se distinguent, le premier contenant les sèmes de modération et de pudeur, le second les sèmes d'abaissement de soi, de sentiment d'insuffisance (cf. *parler avec modestie* vs *parler avec humilité*) ; de même *crier* et *hurler* ne sont que parasynonymes, le premier étant l'hyperonyme du second, puisque *hurler* signifie / crier très fort /.

En stylistique, les problèmes posés par les (para)synonymes sont d'une part celui du choix (pourquoi tel mot plutôt que tel autre), et en cas de cooccurrence[1] de (para)synonymes, on retrouve les problématiques que nous venons d'exposer pour l'hyperonymie et l'hyponymie. La présence de parasynonymes est souvent un instrument pour des figures d'amplification telles que la **paraphrase** (qui, à la différence de l'expolition, ne répète pas purement et simplement la même information avec des formulations diverses, mais qui montre divers aspects de la même réalité) et la **périphrase** (qui consiste à désigner un référent par une formule détournée, par exemple « l'astre des nuits » pour dire « la lune »). Ainsi on connaît l'importance des diverses périphrases pour désigner l'albatros dans le poème de Baudelaire : « vastes oiseaux des mers », « indolents compagnons de voyage », « rois de l'azur », « voyageur ailé », « prince des nuées » ; de l'une à l'autre s'instaure une progression, presque une gradation qui mène du terme prosaïque (noter l'emploi du pluriel et de l'article indéfini « des albatros ») à la périphrase la plus poétique.

On appelle **mots antonymes** des mots de sens contraire ; comme c'était le cas pour les mots synonymes, certains mots peuvent n'être antonymes que sur certaines de leur acceptions : ainsi *folie* n'est que partiellement en relation d'antonymie avec *raison* (pas de relation d'antonymie par exemple quand *raison* signifie / motif /).

Les **antonymes contradictoires (ou complémentaires)** sont dans une relation exclusivement binaire ; la non-vérité de l'un implique forcément la vérité de l'autre (ainsi, on est ou vivant, ou mort).

Les **antonymes gradables**, bien qu'ayant des Sé s'excluant mutuellement, laissent un espace sémantique pour une lexie au Sé intermédiaire (ainsi, *froid* est bien l'antonyme gradable de *chaud*, car entre les deux se situe *tiède*).

---

1. Cooccurrence : présence simultanée de deux termes ou de deux phénomènes linguistiques différents.

Les **antonymes réciproques** sont des couples de termes qui définissent une relation réciproque entre deux actants : *acheter/vendre, prêter/emprunter, mari/femme, père/fils*, etc. La présence des antonymes dans un texte construit différentes formes de la figure d'antithèse, mais elle n'est pas la seule à le faire : en effet les notions de synonymie et d'antonymie ne s'appliquent qu'à des lexies de la même catégorie grammaticale : c'est ainsi qu'un oxymore comme « cette obscure clarté qui tombe des étoiles » n'est pas le résultat d'un phénomène d'antonymie, puisqu'*obscure* appartient à la classe des adjectifs et *clarté* à la classe des substantifs.

Néanmoins la synonymie et l'antonymie sont d'un grand rendement stylistique, comme on le voit par exemple dans toute la première page des *Confessions* de Rousseau (« Je forme une entreprise qui n'eut jamais d'exemple et dont l'exécution n'aura point d'imitateur… ») : leur accumulation et leur manipulation sont à la base de la construction de cet étrange plaidoyer.

IV. Les réseaux lexicaux

▶ Niveaux de langue et registres (ou vocabulaires)

• Niveaux de langue

H. Bonnard[1] donne comme exemple de la multiplicité des niveaux de langue la série suivante :

Langue littéraire	Langue tenue	Langue familière	Langue populaire
un soufflet	*une gifle*	*une claque*	*une beigne*

En fait, l'auteur lui-même souligne la relativité et la porosité de cette catégorisation qui constitue une échelle à la fois

---

1. *Procédés annexes d'expression*, Magnard, 1986, p. 81.

trop fine (toutes les lexies n'ont pas trois équivalents de niveaux différents) et insuffisante (par exemple *une tarte* se situe entre *claque* et *beigne*) ; c'est pourquoi, une tripartition assez large entre **langage soutenu, langage courant (ou familier) et langage populaire (ou argot)** est finalement la plus opérationnelle.

Les marques des niveaux de langage ne sont pas uniquement d'ordre lexical ; elles concernent aussi la morphologie et la syntaxe.

Voici quelques traits qui opposent la langue soutenue et la langue familière ou populaire : la liste est bien sûr non exhaustive.

La langue soutenue se caractérise par l'emploi :
- de *car* au lieu de *parce que* ; de *non que* ou de *afin que* ;
- du participe présent et de la subordonnées participiale ;
- du passé simple et du subjontif imparfait et plus-que-parfait.

La langue familière ou populaire se caractérise :
- par l'utilisation d'**appuis du discours** (*si tu veux, tu vois, enfin, écoutez, euh, ben,* etc.) ;
- par une tendance à abréger les mots (**apocope** quand on abrège la fin : *ciné, maths, restau* ; **aphérèse** quand on abrège le début : *les Ricains*) ; cette tendance à abréger les mots contribue à traduire ou à instaurer un climat de familiarité entre les interlocuteurs, car la modification des mots crée une sorte de langage codé, même s'il s'agit d'un code largement partagé ; c'est le même mécanisme pour l'argot ;
- par la conjonction *que* vide de sens pour éviter l'inversion du sujet dans une interrogative (« pourquoi que tu viens ? ») ou dans une incise (« Rengagez-vous, qu'ils disaient ») ;

- par l'abondance des constructions segmentées avec thématisation à droite ou à gauche[1] («tu l'as eu, ton train ?» ; «ce film, il est génial») ;
- par la suppression de la première partie de la négation (*ne*) ; par une tendance à employer la parataxe plutôt que l'hypotaxe, par le refus d'employer le passé simple et les subjonctifs imparfait et plus-que-parfait.

Enfin, la langue populaire est plus facilement imprégnée par des clichés anciens ou passagers (phénomènes de mode).

Dans l'étude du texte littéraire, le niveau de langue peut être un des éléments constituant une détermination générique ou même singulière : par exemple, la tragédie classique racinienne utilise exclusivement un langage soutenu[2], tandis que la comédie moliéresque jouera, selon les personnages, des trois niveaux de langage (voir par exemple dans *Les Femmes Savantes* : les précieuses utilisent un langage soutenu ; les autres personnages ont un niveau de langage courant, sauf la servante dont le parler est populaire[3]. Le drame romantique hugolien, le roman du XIXe siècle (en particulier Zola) et, d'une autre manière, maints écrivains contemporains pratiqueront un mélange des niveaux de langage dont les modalités et la réalisation doivent être analysés dans le commentaire stylistique.

1. On oppose le thème (ce dont on parle) et le prédicat (ce qu'on dit du thème) : dans «Pierre aime le chocolat», «Pierre» est le thème et «aime le chocolat» le prédicat. La segmentation permet une extraction qui donne le statut de thème à n'importe quel élément de la phrase, lequel est alors dit «thématisé» : ainsi, dans «le chocolat, Pierre aime ça», on a thématisation à gauche de «chocolat».
2. En revanche le théâtre cornélien, marqué de baroque, n'est pas dépourvu de marques de langage familier.
3. Les notions de niveau de langue et de registre (décrit ci-dessous) sont donc importantes pour décrire un **sociolecte** (les spécificités linguistiques d'une communauté socio-culturelle, par exemple le sociolecte des médecins, des politiciens ou des «banlieues»), ou un **idiolecte** (les spécificités linguistiques d'un individu, réel ou fictif).

• **Registres (ou vocabulaires)**

On appelle ainsi les différents domaines référentiels couverts par un groupe de lexies : on aura des registres ou vocabulaires technique, scientifique, religieux, affectif, moral, politique, etc. Naturellement aucun n'est exclu du texte littéraire : le roman zolien est plein de vocabulaire technique ; chez Flaubert, Monsieur Homais emploie un vocabulaire scientifique ; et l'on pourrait ainsi facilement trouver une illustration littéraire pour chacun des vocabulaires cités. Mais ce qui intéresse plus particulièrement l'analyste, c'est le mélange des vocabulaires, ou bien l'irruption d'une lexie d'un vocabulaire totalement hétérogène à celui qu'utilise le cotexte (phénomènes de contre-marquage), ou bien en décalage avec le vocabulaire habituellement associé au référent (phénomène de marquage). Ainsi, Chateaubriand, dans cet extrait du *Génie du Christianisme* évoquant les églises gothiques, mêle intimement vocabulaire de la nature et vocabulaire de l'architecture et utilise le vocabulaire de la nature pour décrire des éléments architecturaux :

> Ces voûtes ciselées en feuillages, ces jambages, qui appuient les murs et finissent brusquement comme des troncs brisés, la fraîcheur des voûtes, les ténèbres du sanctuaire, les ailes obscures, les passages secrets, les portes abaissées, tout retrace les labyrinthes des bois dans l'église gothique.

▶ **Champs lexicaux dérivationnels**

Il existe deux types de dérivation, la dérivation propre et la dérivation impropre.

La dérivation propre décrit le phénomène par lequel certains mots sont construits à partir d'un autre mot, appelé **base**, par ajout (dérivation progressive) ou par suppression (dérivation régressive) d'affixes : ainsi sur la base *capable*, on a le dérivé progressif *incapable* ; sur *oublier*, on a le dérivé régressif *oubli*.

N.B. : Ce phénomène ne doit pas être confondu avec celui du **polyptote** qui consiste à employer plusieurs fois le même mot, mais à des formes grammaticales différentes (par exemple le même verbe utilisé à des temps ou des personnes différentes, ou un substantif tantôt au singulier, tantôt au pluriel).

La **dérivation impropre** appelée aussi **conversion** ou **recatégorisation** consiste à faire changer un mot de classe grammaticale sans en changer la forme : ainsi le substantif *le dîner* est obtenu par dérivation impropre du verbe *dîner*.

La dérivation et le polyptote sont évidemment d'un fort rendement stylistique, soit parce qu'ils participent à des phénomènes de répétition dont il convient d'analyser les motivations et les structures, soit parce qu'ils peuvent marquer une certaine qualité du vocabulaire.

▶ Champ lexical notionnel et champ sémantique

Pour cerner la manière dont s'organise un texte, deux démarches sont possibles.

La première, dite **onomasiologique** (du grec *onoma*, le nom) va du Sé au Sa et consiste à regrouper tous les mots du texte qui expriment tel ou tel type de réalité (abstraite ou concrète, réelle ou imaginaire, peu importe) : on constitue alors un **champ lexical notionnel**[1] : champ lexical notionnel de l'océan, de l'automne, de la mort (ce sera une série comme *trépas, péril, dernier souffle, fin, expirer*), etc.

La seconde, dite **sémasiologique** (du grec *sèma*, le signe), va du Sa au Sé et consiste à chercher l'ensemble des effets de sens d'un mot, diachroniquement et synchroniquement. On constitue alors le **champ sémantique** d'un mot. Face à un

---

1. Certains ouvrages (par exemple les *Éléments de stylistique*) appellent champ lexical l'ensemble du stock lexical utilisé dans le texte, et parlent pour la démarche onomasiologique de champ notionnel, c'est pour quoi, pour lever toute ambiguïté, je préfère l'expression un peu longue, mais précise, de champ lexical notionnel.

texte, il s'agit de trouver les associations que suscite tel ou tel mot dans le texte ; ainsi, P. Guiraud a pu analyser le champ sémantique du mot *gouffre* chez Baudelaire.

Dans la pratique (stylistique), il est difficile et souvent peu intéressant de séparer les deux démarches, et l'on peut constituer des champs lexicaux sémantiques. Ainsi, on peut constituer le champ lexical sémantique de la mort dans *La Mort des pauvres* de Baudelaire : on trouvera *consoler, vivre, vie, but, espoir, élixir, clarté, auberge, manger, dormir, s'asseoir, Ange, sommeil, rêve, extatique, lit, gloire, grenier, mystique, bourse, patrie, portique ouvert, inconnus* ; un tel relevé linéaire gagnera en lisibilité si on y opère des classements (voir ci-dessous).

V. De la lexie au texte

Au-delà ou en deçà des grilles lexico-sémantiques que nous venons d'explorer, les mots tissent le texte au moyen de relations sémiques subtiles.

▶ Isotopie, poly-isotopie et allotopie

Au sens strict, **on appelle isotopie l'itération d'un sème d'une lexie à l'autre**.

Le sème redondant peut être un sème générique ou un sème spécifique. Ainsi, on a une isotopie générique dans « Pierre converse avec son voisin », car les trois lexies *Pierre, converse* et *son voisin* ont comme sème générique /être humain/.

On a une isotopie spécifique dans « L'aube allume la source[1] », car les trois lexies *aube, allume,* et *source* contiennent le sème spécifique /début, commencement/.

---

1. Vers d'Éluard cité en exemple par F. Rastier, *Sémantique interprétative,* p. 82.

Au sens large, **on appelle isotopie une itération sémantique quelconque**, « tout réseau sémantique marqué par un
système de redondances : ces redondances peuvent être
explicitées par des répétitions de signes ou des variations sur
des mots apparentés ; elles peuvent être marquées par la
reprise de dénotations ou de connotations identiques ou
analogues entre des mots différents ; elles peuvent se répérer
aux divers stades du développement des mécanismes
sémantiques constituant des figures continuées, que ces
stades soient exprimés ou non dans des signes occurrents.
On parlera par exemple d'une isotopie de l'*oiseau*, dans un
texte bâti sur plusieurs métaphores évoquant, par leurs comparants, les comportements et les formes de la vie de cet
animal, même si le mot *oiseau* n'apparaît jamais »
(J. Mazaleyrat et G. Molinié, *Vocabulaire de la stylistique*).

L'isotopie prend donc en compte toutes sortes de phénomènes linguistiques (phénomènes phonétiques, phrases,
figures, éléments dénotatifs et connotatifs, etc.). Si nous
reprenons l'exemple de *La Mort des pauvres*, le champ lexical
sémantique de la mort dégage une isotopie de la vie et une
isotopie de l'abondance.

La notion d'**isotopie** se distingue de la notion de **thème** : le
thème d'un texte ou d'un segment textuel, c'est ce qui pourrait en
constituer le titre : c'est le sujet du texte, ce dont parle
« ouvertement » le texte ; par exemple, le vers d'Éluard déjà cité a
comme thème l'aube ; ou bien, la description de la pension
Vauquer (voir p. 91) thématise ce que l'auteur appelle l'*odeur de
pension* ; on relève notamment une isotopie dysphorique (le sème
/désagréable/ est abondamment présent), une isotopie de la
décomposition (construite surtout par les expressions « odeur sans
nom dans la langue[1], moisi, hospice », et par la gradation finale)
et une isotopie de l'indicible (« sans nom dans la langue », le

---

1. Sans doute référence intertextuelle au *Sermon sur la mort* de Bossuet qui
cite Tertullien parlant du cadavre qui « deviendra un je ne sais quoi qui
n'a plus de nom dans aucune langue ».

conditionnel « il faudrait », et les accumulations ternaires qui marquent l'impossibilité de trouver un Sa dont le Sé corresponde à ce référent.)

La notion d'isotopie peut croiser celle de **connotation**, mais s'en distingue cependant : la connotation concerne un segment lexical ; l'isotopie concerne une relation, puisque c'est une redondance sémantique. Ainsi, le dénouement de *Solal* cité plus haut (« **Et voici**, il **tressaillit et se leva**, et une femme jeta un voile sur Aude qui considérait le **mystère** de l'homme **mort et ressuscité**. Solal posa la main sur sa blessure, porta aux lèvres ses doigts trempés de **vin charnel** et **bénit** la vie. ») présente non seulement une connotation biblique, mais une isotopie messianique (la résurrection est le fait du Christ, le mystère de la résurrection concerne le Christ, le vin charnel évoque la Cène et la transmutation du vin en sang par le Christ).

La présence conjointe de plusieurs isotopies est appelée **poly-isotopie** ; le mot qui participe à deux isotopies et permet le passage de l'une à l'autre est appelé **embrayeur d'isotopie**. Ainsi le sonnet *Les Aveugles* de Baudelaire développe le thème du laid dans deux isotopies différentes : celle du risible (« du mécanique plaqué sur du vivant », disait Bergson) et celle du terrifiant, de l'horrible au sens étymologique du terme ; c'est l'adjectif *affreux* qui est l'embrayeur de ces deux isotopies, qui les articule l'une à l'autre :

Contemple-les, mon âme, ils sont vraiment affreux !
Pareils aux mannequins, vaguement ridicules ;
Terribles, singuliers comme les somnambules,
Dardant on ne sait où leurs globes ténébreux.

Inversement, un texte peut présenter des ruptures d'isotopie : on parle alors d'**allotopie**. Ainsi dans le sonnet 22 des *Regrets* de Du Bellay « Je me ferai savant… », le poète évoque ses désillusions :

Ô beaux discours humains ! Je suis venu si loin
Pour m'enrichir d'ennui, de vieillesse et de soin,
Et perdre en voyageant le meilleur de mon âge.
Ainsi le marinier souvent, pour tout trésor,

Rapporte des harengs en lieu de lingots d'or,
Ayant fait comme moi un malheureux voyage.

Deux allotopies sont en jeu ici : la première dans
« m'enrichir d'ennui, de vieillesse et de soin[1] » qui font passer d'une isotopie euphorique (m'enrichir) à une allotopie
dysphorique[2] ; dans le dernier tercet, le terme « harengs »
introduit une allotopie du prosaïsme qui marque la faillite
de l'idéal et des espoirs du jeune voyageur.

◗ Cohésion et cohérence

Les isotopies jouent un rôle important dans ce que la
grammaire du texte[3] appelle la cohérence et la cohésion : la
cohérence est ce qui rend un énoncé pertinent, correspondant aux attentes du récepteur. Elle est donc liée à
l'énonciation et à la pragmatique du discours, c'est-à-dire à
sa relation à l'extradiscursif. Ainsi, les dialogues de
La Cantatrice chauve de Ionesco sont souvent incohérents,
parce qu'ils débitent des évidences trop connues (« Le
plafond est en haut, le plancher est en bas. ») ou bien encore
contredisent la logique et l'expérience communes :

Mme Smith. — On se disputait parce que mon mari disait que
lorsque l'on sonne à la porte, il y a toujours quelqu'un.
M. Martin. — La chose est plausible.
Mme Smith. — Et moi, je disais que chaque fois que l'on sonne,
c'est qu'il n'y a personne.

La règle de **cohésion** est la règle « d'intégration de la
phrase à son contexte linguistique » (O. Soutet, *Linguistique*,
p. 161). La cohésion d'un texte est assurée en particulier par
les **chaînes de référence** (une chaîne de référence est
l'ensemble des termes qui ont le même référent : on dit que

---

1. *Soin* a le sens classique de *souci*.
2. Cette allotopie prend la forme d'un oxymore.
3. Par opposition à l'analyse grammaticale qui reste en général cantonnée
au niveau de la phrase, la grammaire du texte se place au niveau du
texte entier.

ces termes sont **coréférents**) ; une chaîne de référence se construit soit à travers des phénomènes de **relations référentielles** (le référent est désigné directement : dans le texte littéraire, c'est le cas essentiellement des noms propres et des pronoms personnels nominaux) soit à travers des phénomènes d'**anaphores** et de **cataphores**. L'anaphore est un phénomène de reprise, tandis que la cataphore est un phénomène d'annonce de la suite du discours (« Dès qu'il le peut, Pierre part en vacances. » : *il* est en emploi cataphorique : il annonce *Pierre*.)

L'anaphore peut être :

– **une anaphore grammaticale** (c'est-à-dire que l'antécédent « est représenté par un morphème grammatical qui joue le rôle de substitut (pronom) ou qui permet la reprise (démonstratif) : *Paul est mécontent, il s'en va ; il était une fois un chien. Celui-ci...* », M. Arrivé, F. Gadet, M. Galmiche, *La Grammaire d'aujourd'hui*, p. 63) ;

– **une anaphore nominale** : reprise du substantif (« Il était une fois *un meunier* ; *notre meunier* ne possédait qu'un chat ») ; lorsque le substantif est repris par son équivalent sémantique, on parle d'**anaphore infidèle** (« Il était une fois *un meunier* ; *cet homme* ne possédait qu'un chat ») ; on parle aussi d'**anaphore associative ou indirecte**, lorsque le terme anaphorique et le terme anaphorisé ont deux référents différents, mais associés par l'expérience ou par un lien logique (« Il côtoyait une *rivière*. / *L'onde* était transparente ainsi qu'aux plus beaux jours »). Enfin, l'anaphore peut aussi être indirecte, quand son référent n'est pas dénoté explicitement par un terme antérieur, mais fait appel à d'autres compétences du récepteur : le texte littéraire fait ainsi souvent appel à la tournure « un de ces... » : « Par là, se trouve mis en rapport un référent singulier avec l'ensemble de ceux qui lui sont comparables. Mais ce mouvement du particulier au général se fonde sur un savoir, en l'occurrence livresque, que possède le narrateur et que le lecteur est censé partager » (J.-F. Jeandillou, *L'Analyse textuelle*, p. 88). C. Fromilhague et A. Sancier ajoutent que « ce mode de présentation de l'objet est caractéristique des énoncés descriptifs didactiques » (*Introduction à l'analyse stylistique*, p. 73) ;

- **une anaphore verbale :** la reprise d'un verbe se fait au moyen de « faire » (dénommé alors « proverbe » ou « forme vicaire », comme l'illustre plaisamment le sketch de P. Dac et F. Blanche :

— Monsieur le Mage peut-il donner la date de naissance de ce spectateur ? — Oui ! — Il peut le faire !

- **une anaphore adverbiale :** un adverbe peut reprendre l'ensemble d'un énoncé (*ainsi, là, bref*, etc.).

▶ Connecteurs

Éléments lexicaux essentiels de la structure d'un texte, les connecteurs sont des lexies qui servent à marquer des liens sémantiques, logiques ou pragmatiques entre des propositions et des phrases.

On distingue d'une part des **connecteurs spatiaux** (*en bas, en haut, devant, derrière, à droite, à gauche, là, ici*, etc.) et **temporels** (*d'abord, et, ensuite, voici que, soudain, ensuite, auparavant, alors*, etc.), qui ordonnent la réalité référentielle, et d'autre part des connecteurs qui marquent les articulations du discours : **connecteurs énumératifs** (marquant l'addition : *et, ou, aussi, également* ; marquant la progression : *en outre, en plus* ; marquant le rang dans une série : *premièrement, deuxièmement, tout d'abord, puis, l'un, l'autre*), **connecteurs de reformulation** (*bref, autrement dit, pour conclure, en résumé, somme toute, finalement* ; ces connecteurs marquent souvent la clôture d'une énumération ou d'une argumentation), **connecteurs argumentatifs** (opposition/concession : *mais, pourtant, néanmoins, au contraire, certes* ; adjonction d'un

argument : *d'ailleurs, au reste, or, qui plus est, non seulement...*
mais encore ; explication/justification : *car, en effet, parce que,*
puisque).

L'étude des connecteurs intéresse la stylistique à plusieurs
titres : d'une part, les connecteurs affichent en quelque sorte la
structure du texte et sa progression ; d'autre part, le type de
connecteurs utilisés est intimement lié au type de texte : ils en
constituent une détermination générique. L'absence de connecteurs est tout aussi importante à relever : elle marque une structure
asyndétique qui le plus souvent va dans le sens d'une écriture
lyrique et poétique ou bien au contraire dans le sens d'une
manipulation argumentative, souvent assortie d'ironie, comme
dans cet extrait où Candide est sommé de choisir entre être fusillé
et être fustigé :
Il fallut faire un choix ; il se détermina, en vertu d'un don de
Dieu qu'on nomme liberté, à passer trente-six fois par les ba-
guettes ; il essuya deux promenades. Le régiment était composé
de deux mille hommes. Cela lui composa quatre mille coups de
baguettes qui depuis la nuque du cou jusqu'au cul lui décou-
vrirent les muscles et les nerfs.

▶ Types de progression d'un texte

Si les connecteurs marquent les limites des étapes textuelles et le lien sémantique, logique ou pragmatique qui est
à l'œuvre, le discours progresse aussi selon des procédures
qui assurent sa cohésion. Ces procédures mettent en jeu
l'organisation des thèmes et des propos[1] de chaque énoncé.
C'est pourquoi l'on parle de **progression thématique**.
Trois types de progression thématique sont répertoriés :
- **progression à thème constant :** le même thème est
repris de phrase en phrase avec variation du propos ;
- **progression linéaire :** le propos du premier énoncé
devient le thème du suivant, etc. ;

---

1. Rappelons que le thème est ce dont parle un énoncé, le propos est ce
qui est dit sur le thème.

– **progression à thèmes dérivés :** le thème (hyperthème) ou le propos de la première phrase est détaillé par une suite de sous-thèmes ou de sous-propos. L'hyperthème peut être sous-entendu.

Le type de progression peut être le même pour tout un texte ou pour un segment assez long ; mais le cas est assez rare et donc très marqué stylistiquement ; le plus souvent les différents types de progression se mêlent, comme dans cet extrait de *Madame Bovary* :

> (1) Charles se tut. (2) Il marchait de long en large, attendant qu'Emma fût habillée. (3) Il la voyait par derrière, dans la glace, entre deux flambeaux. (4) Ses yeux noirs semblaient plus noirs. (5) Ses bandeaux, doucement bombés vers les oreilles, luisaient d'un éclat bleu.

Les trois premières phrases sont à thème constant (Charles se tut / Il marchait / Il la voyait). Le passage est encore narratif ; il va servir à embrayer le portrait d'Emma en focalisation interne. La transition du narratif au descriptif se fait par une progression linéaire (le pronom anaphorique *la* appartient au propos de la troisième phrase ; grâce à la valeur anaphorique du déterminant possessif *ses* (*ses yeux noirs*), Emma devient le thème de la phrase 4). Cette progression linéaire est à thèmes dérivés, les thèmes des phrases 4 et 5 étant des sous-thèmes du propos de la phrase 3 (*la* représentant *Emma*).

On peut avoir une rupture de la progression thématique pour marquer par exemple un arrière plan (voir l'avant-dernière phrase de l'extrait de *Candide* ci-dessus) ou une rupture dramatique.

En pratique...

L'étude du stock lexical d'un texte peut se mener de la manière suivante :
– relevé et repérage du ou des niveaux de langue et du ou des registres ;
– recherche des champs lexicaux sémantiques à l'œuvre dans le texte ;

– recherche des isotopies (en tenant compte des phénomènes de connotation), des embrayeurs d'isotopie et des allotopies ;

– étude des phénomènes lexicaux singuliers : autonymie ou connotation autonymique, phénomènes liés à la polysémie (en particulier les syllepses de sens), des figures liées de près au choix lexical (figures d'opposition et de répétition notamment) ;

– étude de la cohésion du texte (éventuellement de sa cohérence) ;

– étude du ou des modes de progression et des ruptures thématiques.

3

L'énonciation littéraire

L'étude de l'énonciation littéraire s'appuie bien sûr sur la **linguistique de l'énonciation**, dont certains éléments ont été exposés dans le chapitre II de la première partie. Néanmoins, il est évident que l'énonciation littéraire a des caractéristiques tout à fait particulières, qui la distinguent nettement de l'énonciation non littéraire.

Tout d'abord, l'énonciation littéraire est une **énonciation différée** : un texte est écrit à un certain moment et sera lu, atteindra donc un récepteur, plus tard[1]. En outre, l'œuvre est destinée à avoir de multiples récepteurs qui peuvent être éloignés dans l'espace et dans le temps.

Ensuite, l'énonciation littéraire se distingue de l'énonciation ordinaire par ses rites qui l'inscrivent comme phéno-

---

1. Même la littérature orale et le théâtre relèvent de cette analyse, car il y a un décalage temporel entre le moment où l'œuvre est conçue et le moment où elle est communiquée aux récepteurs, sans parler de la multiplicité des récepteurs qui rencontrent l'œuvre, dans des lieux et des temps différents, avec des médiations (troubadour, récitant, acteur) différentes.

mène social ayant sa place dans ce qu'on peut appeler **l'institution littéraire.** Celle-ci donne une définition particulière des instances productrices et des instances réceptrices de l'œuvre. On retrouve les analyses de la sémiostylistique décrites à la fin du chapitre II pour lesquelles le discours littéraire est le résultat d'un certain contexte culturel (au sens extrêmement large du terme) qui a permis son émergence, en lui donnant une possibilité d'exister parce qu'il avait une possibilité d'être lu.

Surtout, **au niveau textuel, l'énonciation littéraire se caractérise par la multiplicité des instances productrices et des instances réceptrices** : on distingue en effet l'écrivain et le narrateur (la voix narrative qui prend la forme du narrateur dans le roman, d'un JE dans le texte autobiographique ou lyrique, de l'énonciateur des didascalies dans une pièce de théâtre), le narrateur et le personnage (même lorsque, comme dans le texte autobiographique, tous deux sont désignés au moyen du JE). De même, du côté de la réception, on distinguera souvent le lecteur concret, occurrent, et le lecteur inscrit dans le texte (appelé **narrataire**) ; ainsi Balzac termine sa description du mobilier de la salle à manger de la pension Vauquer en présupposant un narrataire « pressé » (alors que le lecteur réel ne l'est peut-être pas) :

> Pour expliquer combien ce mobilier est vieux, crevassé, pourri, tremblant, rongé, manchot, borgne, invalide, expirant, il faudrait en faire une description qui retarderait trop l'intérêt de cette histoire, et que les gens pressés ne pardonneraient pas.

Enfin, le texte littéraire construit lui-même son **univers référentiel**, à la différence de l'énoncé non littéraire qui a des référents extra-linguistiques : on le voit nettement avec la description de la pension Vauquer : le référent de la dite pension est uniquement textuel, et fait beaucoup appel à la **coénonciation** du lecteur, en particulier à ses **compétences encyclopédiques.**

Les caractéristiques énonciatives d'un texte constituent une importante détermination générique. C'est pourquoi nous passerons en revue les différents points à observer pour cerner les caractéristiques énonciatives d'un texte, puis nous montrerons la spécificité de quelques types d'énonciation littéraire.

I. Manifestations de l'activité énonciative

▶ L'opposition récit/discours

Cette opposition des deux plans d'énonciation mise au point par Benveniste reste fondamentale. On rappelle que **l'énonciation de discours se caractérise par l'utilisation des embrayeurs** qui permettent de situer l'énoncé par rapport au MOI/ICI/MAINTENANT du locuteur ; ces embrayeurs sont :

– les personnes 1, 2, 4, et 5 ;
– tous les temps verbaux sauf le passé simple ; les temps privilégiés sont le présent, le futur, le passé composé ;
– les embrayeurs spatiaux, c'est-à-dire les termes indiquant une situation dans l'espace dont le choix est dû à la situation d'énonciation, et non à une valeur anaphorique : dans « Je suis là ! », *là* est une marque de discours car la localisation indiquée dépend du JE énonciateur ; inversement, dans le refrain de l'*Invitation au voyage* « Là, tout n'est qu'ordre et beauté,/Luxe, calme et volupté ! », *là* n'est pas une marque du discours, car il est une reprise anaphorique du pays décrit dans la strophe précédente ;
– les embrayeurs temporels, c'est-à-dire les termes indiquant une situation dans le temps dont le choix est dû à la situation d'énonciation ;

- toutes les modalités (assertive, interrogative, exclamative, jussive).

À l'inverse, l'énonciation de récit est caractérisée par l'absence d'embrayage :

- ce que Benveniste appelle **la non-personne**, qu'on appelle aussi le **délocuté**, c'est-à-dire les personnes 3 et 6 ;
- le passé simple, l'imparfait, le conditionnel « futur du passé », le plus-que-parfait, le prospectif (futur proche dans le passé : il allait + infinitif) et le présent de définition ;
- les connecteurs spatiaux et temporels non embrayeurs, c'est-à-dire dont le repère n'est pas le lieu ou le moment de l'énonciation, mais l'énoncé : *devant la maison* (dont on vient de parler), *la veille*. (Les deux plans d'énonciation acceptent les repérages spatiaux ou temporels absolus : *à Paris, en 1515,* etc.) ;
- la modalité assertive à l'exclusion des autres modalités.

Voici un tableau-résumé de ces oppositions entre le discours qui est un énoncé embrayé sur la situation d'énonciation et le récit qui est un énoncé non embrayé :

LE DISCOURS est marqué par	LE DISCOURS interdit	LE RÉCIT est marqué par	LE RÉCIT interdit
P1, 2, 4, 5		P3 et 6	P1, 2, 4, 5.
tous les temps verbaux sauf le passé simple ; préfère le présent, le futur et le passé composé	le passé simple	imparfait, conditionnel, plus-que-parfait, prospectif ; préfère le passé simple ; accepte présent de définition et, éventuellement, de narration	le présent (sauf de définition, et, éventuellement, de narration) ; le futur (est cependant autorisé le futur dit « historique »)

connecteurs spatiaux embrayeurs : ici, là-bas, etc.		connecteurs spatiaux non embrayeurs	connecteurs spatiaux embrayeurs
connecteurs temporels embrayeurs : hier, aujourd'hui, demain, il y a (trois ans), dans (trois ans)		connecteurs temporels non embrayeurs : la veille, ce jour-là, le lendemain, trois ans avant, deux ans après...	connecteurs temporels embrayeurs
toutes les modalités		la modalité assertive	toutes les autres modalités

Ce tableau reste à la base de la distinction récit / discours. Il doit servir de cadre pour répertorier les passages de discours et les passages de récit dans le texte analysé. Néanmoins, il soulève plusieurs questions, notamment :
- l'opposition passé composé / passé simple ne doit-elle pas être nuancée ?
- la place et la valeur de l'imparfait et du présent demandent à être précisées ;
- qu'en est-il des récits à la première personne ?

• **L'opposition passé composé/passé simple**

L'opposition passé composé / passé simple, telle qu'elle est décrite par Benveniste, ne s'applique pas à la langue classique, qui ne répartit pas les emplois des deux temps entre discours et récit, mais entre procès en rapport avec le moment de l'énonciation et procès situé dans un passé coupé du moment de l'énonciation[1] ; cet usage classique est encore

---

1. C'est pourquoi, on a pu dire que le passé composé, comme le parfait grec, exprime le résultat présent d'une action passée. La langue dramatique du XVIIe a codifié l'emploi des deux temps par la règle des 24 heures : théoriquement, tout procès ayant eu lieu plus de 24 heures

à l'œuvre dans la plus grande partie de la littérature du XIXe siècle et même du XXe siècle ; son non-respect est lié souvent à la volonté d'introduire une langue plus orale dans la littérature ; d'autre part, et surtout, l'utilisation du passé composé rattache peu ou prou les procès narrés au moment de l'énonciation, et à l'activité énonciative du narrateur, tirant ainsi le récit du côté du discours. Employé de manière systématique, le passé composé donne malgré tout une vision particulière du monde narré, singulièrement distanciée, malgré l'implication du narrateur (puisque nous sommes en énonciation de discours[1]) ; ainsi, dans *Déjeuner du matin* de J. Prévert, le passé composé est un des éléments de l'isotopie dysphorique (nous citons seulement la fin) :

Il a mis
Son chapeau sur sa tête
Il a mis son manteau de pluie
Parce qu'il pleuvait
Et il est parti
Sous la pluie
Sans une parole
Sans me regarder
Et moi j'ai pris
Ma tête dans ma main
Et j'ai pleuré.

---

avant le moment de l'énonciation s'exprime au passé simple, et tout procès ayant eu lieu moins de 24 heures avant le moment de l'énonciation s'exprime au passé composé.

1. Un cas particulier célèbre est celui de *L'Étranger* de Camus : l'emploi systématique du passé composé accentue l'absurde, car le passé composé s'applique normalement à des procès en rapport chronologique mais aussi logique avec le moment de l'énonciation, tandis que le passé simple appliqué à des procès coupés de ce moment d'énonciation tisse un lien de causalité d'un procès à l'autre, grâce à des passés simples employés en série ; dans *L'Étranger*, le lien logique entre les différents procès disparaît du fait de l'emploi du passé composé, alors même que le narré est nettement coupé du moment de la narration.

• **Le présent**

Le présent se rencontre dans l'énonciation de discours et dans l'énonciation de récit.

Dans l'énonciation de discours, le présent est en rapport plus ou moins lâche avec le moment de l'énonciation. Le discours admet également le présent de vérité générale (*Pierre qui roule n'amasse pas mousse / La somme des angles d'un triangle est égale à 180°*).

Dans l'énonciation de récit, le présent se rencontre soit pour exprimer une vérité générale, soit en tant que présent de narration : il prend alors la place du passé simple avec lequel il alterne le plus souvent, mettant plus en relief encore les procès de premier plan.

Le roman contemporain utilise le présent sur de longs passages, voire sur une œuvre entière : il supprime alors l'opposition entre premier plan et second plan, puisqu'il supprime l'alternance passé simple/imparfait, tous les procès étant exprimés au présent ; il rend plus difficile la distinction entre moment de l'énonciation et moment de l'énoncé (entre temps de la narration et temps narré) : il tire ainsi l'énonciation de récit vers l'énonciation de discours.

• **L'imparfait**

L'imparfait se rencontre aussi bien en discours qu'en récit. Outre sa valeur aspectuelle sécante (le procès est envisagé comme une succession de moments) et éventuellement itérative (l'imparfait indique la répétitivité du procès), l'imparfait marque que le procès n'appartient pas à l'actualité de l'énonciateur : il est situé dans un passé révolu ou bien présenté comme un procès fictif (voir l'utilisation de *si* + imparfait dans l'expression de l'hypothèse). C'est pourquoi, stylistiquement il marque :

• **dans le récit :** l'arrière-plan (imparfait opposé au passé simple, ou bien commentaire du narrateur ; description : l'imparfait pose le décor) ; ou bien il est utilisé pour marquer la clôture du récit ou une rupture dans celui-ci en rejetant dans l'arrière-plan un procès violemment distancié (violemment parce qu'il y a une sorte d'écart entre l'énonciation distanciante et le sémantisme du procès, d'autant plus que ce procédé stylistique se trouve souvent utilisé avec des verbes dont le sémantisme comporte un aspect perfectif[1] en contradiction apparente avec l'aspect sécant et duratif de l'imparfait) : « Le lendemain, vers une heure de l'après-midi, Marius Paumelle [...] rendait le portefeuille et son contenu ». (Maupassant, *La Ficelle*) ;

• **dans le discours rapporté (discours indirect et indirect libre) :** la distanciation ; d'un emploi contraint en discours indirect après un verbe introducteur au passé, l'utilisation de l'imparfait relève beaucoup plus du choix pour le discours indirect libre ; sa valeur distanciante a été exploitée massivement par les romanciers des XIXe et XXe siècles.

• **Le récit à la première personne**

La première personne peut intervenir dans le récit lorsque l'on a une intervention (une intrusion, dit-on parfois) du narrateur, comme dans le passage déjà cité de *La Chartreuse de Parme* :

Nous avouerons que notre héros était fort peu héros en ce moment.

Dans ce cas, l'utilisation de la personne 1 (ou 4) marque bien une énonciation de discours, discours du narrateur, rapporté au moment de la narration et non du narré (le futur confirme l'énonciation de discours).

---

1. Les verbes perfectifs (*mourir, partir,* etc.) « comportent en leur sens même une limitation de durée : les procès perfectifs, pour être effectivement réalisés, doivent nécessairement se prolonger jusqu'à leur terme. Ces verbes sont donc théoriquement incompatibles avec des compléments de durée (on ne dira pas « *Il ferma longtemps la porte*). » (D. Denis et A. Sancier, *Grammaire du français,* article « Aspect ». Voir aussi l'article « Indicatif »)

Mais la première personne peut désigner à la fois le narrateur et le personnage du récit : c'est ce qui se passe dans l'autobiographie notamment, mais aussi dans toutes les formes narratives de la première personne ; chaque occurrence du JE doit être analysée pour savoir s'il s'agit du JE narrateur ou du JE personnage (se penchant sur son passé ou personnage du passé). D'une manière pratique, les passages (en général au passé simple) où l'on a un JE narrateur peuvent être transcrits sans difficulté à la troisième personne : ces passages relèvent de l'énonciation de récit ; les autres passages relèvent de l'énonciation de discours. Ainsi peut-on opposer dans *Les Confessions* le récit du ruban volé (« Ce ruban seul me tenta, je le volai, et comme je ne le cachais guère, on me le trouva bientôt. ») et le discours d'ouverture de l'œuvre (« Je forme une entreprise qui n'eut jamais d'exemple et dont l'exécution n'aura point d'imitateur. »).

▶ Les discours rapportés

Outre d'éventuels discours du narrateur, l'énonciation de discours se rencontre dans les différentes formes de discours rapportés : discours direct, discours indirect, discours indirect libre, à quoi s'ajoutent le discours direct libre et le monologue autonome[1]. D'une manière générale, le terme de « discours rapporté » est évidemment abusif quand il s'agit d'un texte littéraire.

• **Le discours direct** : dissocie nettement deux situations d'énonciation : celle du discours citant (le texte narratif introducteur) et celle du discours cité. C'est pourquoi le discours cité conserve sa propre actualisation (les personnes, les temps, et de manière générale tous les embrayeurs ainsi que

---

1. En revanche, le discours narrativisé « c'est-à-dire traité comme un événement parmi d'autres et assumé comme tel par le narrateur lui-même » (Genette) fait partie de l'énonciation de récit. Pour cette problématique, voir *supra*, chapitre 2 de la première partie (p. 53).

sa modalité). Les embrayeurs du discours direct d'un texte littéraire ne sont interprétables qu'en fonction du discours citant (qui permet d'identifier qui est JE par exemple[1]). L'analyse stylistique sera de plus attentive à la manière dont est introduit le discours direct : présence ou absence de verbes introducteurs ou de verbes en incise, sémantisme de ces verbes (descriptifs, axiologiques, etc.), ponctuation (guillemets, tirets, deux points). Il est aussi important de voir s'il s'agit d'une réplique isolée, d'un dialogue continu ou bien morcelé. Enfin, il faut observer si le discours direct alterne avec d'autres formes du discours rapporté, et essayer d'interpréter cette alternance.

• **Le discours indirect** : selon Benveniste, il unit les deux plans d'énonciation ; « le discours est rapporté en termes d'événement et transposé sur le plan historique ». Le discours citant impose sa situation d'énonciation au discours cité : c'est dire que tout le système d'actualisation est repéré par rapport à la situation d'énonciation du discours citant ; c'est pourquoi le discours cité perd l'autonomie de son actualisation, d'où les changements de personne, de temps et de connecteurs spatiaux et temporels : *Pierre a dit : « Je suis déjà venu hier ! »* devient en discours indirect : *Pierre a dit qu'il était déjà venu la veille.*

De même, le discours cité en discours indirect perd sa modalité : c'est la modalité du discours citant qui s'impose ; la modalité du discours cité peut être signalée par le sémantisme du verbe introducteur (par exemple, *ordonner* signale que le discours cité était de modalité jussive) ou par la nature du mot introduisant la subordonnée complétive.

Là encore, il faut accorder la plus grande attention au sémantisme du verbe introducteur : celui-ci est obligatoire, car il n'y a de discours indirect qu'avec une complétive conjonctive (*Pierre dit que le Père Noël existe*), interrogative

---

1. Il faut mettre à part le cas de l'énonciation théâtrale, qui n'a pas le statut de discours rapporté.

indirecte (*Pierre a demandé si le Père Noël viendrait cette année*), ou exclamative indirecte (*Pierre a dit combien il était heureux de la venue du Père Noël*), ou avec un infinitif introduit par *de*, complément d'un verbe de locution (*il a demandé au Père Noël de venir*).

• **Le discours indirect libre** : celui-ci se caractérise par le fait que le discours cité conserve sa modalité (comme dans le discours direct), mais perd l'autonomie de ses embrayeurs (comme dans le discours indirect). Les signaux du discours indirect libre sont très ténus, et il est souvent difficile de distinguer discours du narrateur et discours du personnage ou même récit et discours : on reconnaît la voix du personnage à une intonation, c'est-à-dire à un trait de son idiolecte (particularités de la langue d'un individu) ou de son sociolecte (particularités de la langue d'un groupe) ; c'est ainsi que Zola en a abondamment usé pour faire passer le langage du peuple en littérature. Pour autant, la voix du narrateur n'est pas absente, et toute la subtilité du discours indirect libre est dans cette indétermination de ses frontières (un verbe de locution n'est pas du tout obligatoire, une simple focalisation interne peut suffire à embrayer un discours indirect libre) ainsi que dans l'indétermination de la distance qu'établit le narrateur avec les paroles ou les pensées de son personnage (on ne sait pas bien dans quelle mesure le narrateur partage le point de vue de son personnage ou bien le distancie ironiquement : c'est une des ambiguïtés des romans de Flaubert[1]). Voici un exemple tiré de la fin de *Germinal* :

Oui, la Maheude le disait bien avec son bon sens, ce serait le grand coup : s'enrégimenter tranquillement, se connaître, se réunir en syndicats, lorsque les lois le permettraient ; puis, le matin où l'on se sentirait les coudes, où l'on se trouverait des millions de travailleurs en face de quelques milliers de fainéants, prendre le pouvoir, être les maîtres. Ah ! quel réveil de vérité et de justice ! Le dieu repu et accroupi en crèverait sur l'heure, l'idole monstrueuse, cachée au

---

1. Voir l'exemple de *L'Éducation sentimentale* cité à propos de la sémiotique de l'ironie (première partie, chapitre 2, p. 62).

fond de son tabernacle dans cet inconnu lointain où les misérables la nourrissaient de leur chair, sans l'avoir jamais vue.

Signalons enfin que si la plus grande partie des romans jusqu'à la seconde guerre mondiale sont écrits au passé, ce qui entraîne l'utilisation massive des formes en -ait (imparfait, plus-que-parfait et conditionnel) dans les discours indirects et indirects libres, le roman contemporain privilégiant l'actualisation narrative au présent connaît des discours indirects et indirects libres également au présent et au passé composé (comme le discours direct) ; voici un exemple tiré d'*Aurélien* d'Aragon où le passage du récit au discours indirect libre est simplement marqué par la modalité interrogative :

> Il cherche l'explication moins encore de Bérénice que de lui-même. Pourquoi accepte-t-il les règles d'un jeu qu'il ne veut pas jouer ? Pourquoi ne se révolte-t-il pas enfin ?

• **Le discours direct libre** : forme de discours rapporté en général non répertoriée par les grammaires, elle a une grande importance stylistique, en particulier dans le roman contemporain. Le discours direct libre est un discours direct, mais dont les limites avec le discours citant ne sont pas signalées par la ponctuation ou par un verbe introducteur ; le passage au discours direct libre est simplement marqué par l'autonomie des embrayeurs et des modalités. Voici un exemple tiré de *Belle du Seigneur* d'A. Cohen, qui présente en plus une remarquable alternance des formes de discours rapporté et du récit :

> Elle lui demanda [récit] de ne pas se moquer d'elle [discours indirect], mais elle avait tellement envie de le laver elle-même lorsqu'il serait dans son bain [discours indirect libre]. Je peux, dites ? Vous permettez ? [discours direct libre]. Ainsi fut fait, et elle le lava avec des gestes d'officiante [récit].

• **Le monologue autonome**[1] : il est à différencier du discours direct libre, en ce que les embrayeurs ne sont pas

---

1. Voir *supra* l'analyse de Genette (première partie, chapitre 2, p. 35).

interprétables grâce à un discours citant, puisqu'il n'y a pas de discours citant. Ainsi, le début d'un monologue autonome comme celui de Molly Bloom dans l'*Ulysse* de Joyce ne permet pas d'identifier immédiatement qui parle ni de qui ou de quoi parle le locuteur. Le personnage prend alors la place du narrateur, puisque, comme lui, il construit un univers référentiel exclusivement par son discours.

▶ Polyphonie

La notion de polyphonie a été introduite par les travaux de Mikhaïl Bakhtine sur la poétique du roman : pour lui le langage romanesque se caractérise par sa nature **hybride** mêlant plusieurs langages. Cette théorie a été ensuite développée de manière plus systématique par les linguistes, en particulier par les travaux d'O. Ducrot (*Le dire et le dit*) qui distingue le locuteur qui utilise le langage d'autrui et l'énonciateur qui est l'auteur de la parole citée, ainsi que par les recherches de J. Authier-Revuz sur l'hétérogénéité du langage.

La polyphonie est un concept très essentiellement lié à celui de littérarité, même si l'hétérogénéité caractérise tout langage : étant la trace d'une multiplicité énonciative organisée, elle est l'élément fondamental de « l'épaisseur » du texte littéraire, ainsi que de sa dimension de phénomène social.

Les faits de polyphonie énonciative sont à rechercher :
– **au niveau logico-grammatical**, notamment dans les **négations**, les **expressions privatives** (*sans que*, *non que*), qui, rejetant un énoncé, en suggèrent en même temps l'énonciation possible[1], **la concession** (*bien que* implique la supposition que quelqu'un « asserte le lien causal que pour sa propre part le locuteur refuse[2] »),

---

1. C'est ce que l'on appelle une « négation polémique ».
2. Riegel *et alii*, *Grammaire méthodique du français*, p. 513.

puisque qui, à la différence de *parce que* fait forcément appel à la coénonciation, l'élément donné comme cause étant présupposé connu de l'allocutaire ou du moins admis sans discussion par celui-ci. Enfin, la polyphonie s'exprime abondamment à travers tous les faits de **modalisation** qui expriment la subjectivité du locuteur : adverbes modalisateurs (*certainement, peut-être, sans doute*), verbes modalisateurs (*être sûr, croire, s'imaginer, douter, ignorer, prétendre*), termes axiologiques ou affectifs (le « notre héros » stendhalien) ;

- **au niveau lexical ou phrastique**, notamment avec les différents sens du pronom *on*, incluant souvent l'allocutaire ou des délocutés, ou même exprimant un dédoublement distanciant de l'instance énonciatrice (voir l'énallage de personne — *on* au lieu de *je* — utilisée par Célimène dans *Le Misanthrope* : « On se tue à vous faire un aveu des plus doux ») ; avec les phénomènes d'**autonymie et de connotation autonymique**[1] ; avec tous les traits de **sociolecte ou d'idiolecte** situés en dehors du discours direct (le **discours indirect libre** est bien sûr un lieu privilégié de polyphonie puisqu'il mêle intimement l'énonciation du personnage et celle du narrateur) ;

- **au niveau textuel**, notamment avec les phénomènes d'**intertextualité** et d'**intratextualité** : du plus marqué au moins marqué : **proverbe** (la sagesse des nations a un énonciateur général et mal défini, mais qui n'est pas le locuteur), **citation** (voire **reprise** généralement comique ou ironique dans un dialogue d'un segment d'une réplique précédente, ou reprise par le narrateur d'une expression que vient d'utiliser son personnage), **allusion, référence intertextuelle**, mais aussi **parodie,**

---

1. Voir le chapitre précédent, p. 83. Lorsque le phénomène autonymique est assumé par un locuteur clairement identifié, on parle parfois d'*îlot textuel*.

plagiat, imitation ; phénomènes également d'ironie[1], de polémique (le discours polémique « intègre à son énoncé l'image d'un contre-discours, et fonde en partie son argumentation sur la disqualification de l'adversaire[2] »). Enfin, il faut être attentif au **dialogisme polyphonique** qui s'instaure dans le texte entre discours du narrateur et discours des personnages, que ce soit sur le mode de l'adhésion ou sur le mode de la distanciation : de ce point de vue, l'observation de la manière dont sont intégrés les discours rapportés (par exemple le sémantisme des verbes introducteurs) apporte de précieux renseignements.

Enfin, rappelons l'utilité de l'analyse actantielle[3] pour la problématique de la polyphonie.

II. Quelques exemples d'énonciations littéraires

▶ L'énonciation romanesque ; l'énonciation autobiographique

• L'énonciation romanesque

Elle se caractérise par la présence d'un narrateur intradiégétique (dans le cas du récit enchâssé) ou extradiégétique ; homodiégétique (qui raconte sa propre histoire : en général récit à la première personne) ou hétérodiégétique (en général récit à la troisième personne[4]) et par la présence de personnages.

Sur le plan énonciatif, le roman comporte plusieurs énonciateurs : le narrateur, les personnages, d'autres énonciateurs intertextuels.

---

1. Voir chapitre 2 de la première partie, p. 60-63.
2. A. Herschberg-Pierrot, *Stylistique de la prose*, p. 206-207.
3. Voir première partie, chapitre 2, p. 63-73.
4. Voir les analyses de Genette, présentées dans la première partie, p. 36.

Le narrateur est responsable de la narration qui contient des passages de récit (qui font avancer la diégèse), des passages de description et des passages de commentaires du narrateur.

Les personnages font entendre leur voix dans les différents types de discours rapportés ; ils peuvent assumer des descriptions à l'intérieur de ces discours, voire des récits enchâssés dans le récit principal.

Les énonciateurs intertextuels se font entendre à la fois dans la narration et dans les discours des personnages.

Les plans d'énonciation (récit ou discours au sens de Benveniste) changent fréquemment au cours d'une page de roman. On classera donc dans le récit (au sens de Benveniste) les passages non embrayés assumés par le narrateur[1] (récit, mais aussi descriptions et discours narrativisés) ; on classera dans le discours les différents discours rapportés (y compris les discours indirects et indirects libres), ainsi que les commentaires du narrateur (marqués comme discours puisque embrayés). On s'intéressera particulièrement aux formes qui manifestent le brouillage des frontières entre les deux énonciations (notamment le discours indirect libre et les commentaires du narrateur), et au rôle des focalisations pour signaler ou estomper ces frontières.

• L'énonciation autobiographique

Elle a les mêmes caractéristiques que l'énonciation romanesque homodiégétique ; mais, comme l'a montré Ph. Lejeune, elle repose sur un pacte scripturaire différent, le pacte autobiographique, que l'on peut résumer ainsi :

– identité actoriale entre le JE narrateur, le JE personnage, et l'auteur ;

---

1. Exceptionnellemnnt, quand on a un narrateur intradiégétique, et donc un récit enchâssé non embrayé, on classera ce passage comme récit au sens de Benveniste.

– affichage de la sincérité (mais non obligatoirement vérité) du récit.

L'analyse pourra donc distinguer discours et récit selon la nature du JE : en général, on peut distinguer trois JE différents : celui du narrateur, celui du personnage plus âgé considérant le personnage qu'il a été ; le JE personnage du passé (voir ci-dessus p. 116-117). D'autre part une attention particulière sera portée aux marques de la subjectivité et à leur source énonciative.

▌ L'énonciation lyrique

L'énonciation lyrique s'appréhende avant tout en tant que **discours d'un JE** et entièrement organisé autour de la subjectivité de ce JE, même si le texte comporte des marques de personne 2 ou 5 et même si le JE n'apparaît pas formellement dans le texte ; c'est par exemple le cas dans *L'Albatros* de Baudelaire, où le JE est en fait représenté par le GN « Le poète », le vers « Le poète est semblable au Prince des nuées » obligeant à relire l'ensemble du texte comme une métaphore filée, peut-être même comme une allégorie : ce n'est plus une anecdote pittoresque, c'est un autoportrait du JE poète.

Les temps généralement utilisés sont donc ceux du discours (présent, passé composé dont l'aspect perfectif souligne souvent l'actualité du sentiment, le futur qui inscrit fréquemment le sentiment dans l'éternité en l'installant dans un au-delà de l'énonciation actuelle[1]), le passé simple n'apparaissant que si un récit motive l'épanchement lyrique.

Les **marques de la subjectivité** de l'énonciateur seront donc fort nombreuses : modalités autres qu'assertive (même si celle-ci n'est nullement exclue), modalisateurs et termes affectifs.

---

1. Voir dans *Les Contemplations* de Victor Hugo, « Demain dès l'aube... ».

Sur le plan actantiel, on peut résumer l'énonciation lyrique par le schéma suivant (OdM : « objet du message ») :

$$OdM = JE$$

$$JE \quad \longrightarrow \quad JE$$

◗ L'énonciation théâtrale

L'énonciation théâtrale est tout à fait spécifique, puisque le texte dramatique ne comporte pas de narrateur comme le roman, mais ne saurait être non plus réduit à une série de dialogues entre des personnages ; en effet, il y a, en plus, toutes les didascalies, indications données par le dramaturge. En outre, le dramaturge s'exprime d'une façon ou d'une autre à travers les paroles de ses personnages. C'est pourquoi, A. Ubersfeld a pu parler de **double énonciation** (énonciation du dramaturge et énonciation des personnages) :

« Nous savons qu'à l'intérieur du texte théâtral nous avons affaire à deux couches textuelles distinctes (deux sous-ensembles de l'ensemble textuel), l'une qui a pour sujet de l'énonciation *immédiat* le dramaturge et qui comprend la totalité des didascalies (indications scéniques, noms de lieux, noms de personnages), l'autre qui investit l'ensemble du dialogue (y compris les « monologues ») et qui a pour sujet de l'énonciation *médiat* un personnage. »

La complexité énonciative du théâtre peut être représentée en termes de stylistique actantielle, l'énonciateur du texte étant l'instance responsable à la fois des paroles des personnages et des didascalies :

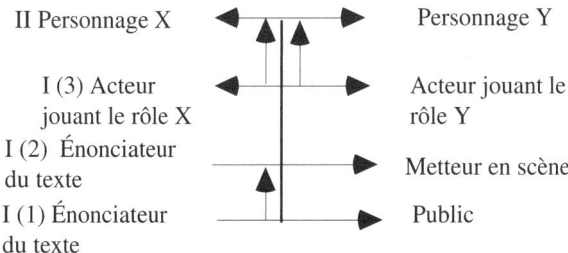

Il faut donc relever dans le texte théâtral cette complexité énonciative fondamentale qui se manifeste par des traits linguistiques spécifiques : ainsi le niveau I et ses multiples dédoublements est celui des didascalies dont la structure syntaxique est très particulière : utilisation d'énoncés non actualisés (*Pierre, entrant* ou bien *Pierre, indigné*) ou bien d'énoncés pratiquant l'inversion du sujet, sans doute pour marquer le procès verbal comme thème et le sujet grammatical comme prédicat (*Entre un garde*).

Mais il faut aussi observer la répartition entre dialogues et monologues, ainsi que les situations énonciatives tout à fait particulières que sont les apartés, où le personnage s'adresse directement au public (court-circuitage énonciatif).

Les répliques des personnages relèvent bien sûr d'une énonciation de discours ; néanmoins, elles peuvent contenir des séquences de récit (par exemple le récit de Théramène dans la *Phèdre* de Racine), qu'il faut analyser en tant que telles.

Les phénomènes de polyphonie ne sont pas moins nombreux que dans le texte romanesque : en particulier les phénomènes de reprise sont spécialement nombreux au théâtre ; en voici un exemple parmi d'autres, dans la scène de dépit amoureux entre Valère et Mariane dans *Tartuffe* (Orgon envisage de marier Mariane à Tartuffe) :

— *Mariane :* Que me conseillez-vous ?
— *Valère :* Je vous conseille, moi, de prendre cet époux.
— *Mariane :* Vous me le conseillez ?
— *Valère :* Oui.

Enfin, l'étude du jeu des pronoms et de la structure de la conversation sont aussi des postes importants pour cerner l'activité énonciative à l'œuvre dans un texte de théâtre.

En pratique...

– Essayer de dégager les grandes dominantes énonciatives d'un texte en relation avec sa particularité générique.

– Étudier les manifestations de l'énonciation (personnes, temps verbaux, modalités, repérage spatio-temporel).

– Surtout pour les textes narratifs, étudier l'opposition discours/récit et répertorier les différents types de discours et leur mode d'intégration.

– Étudier les brouillages énonciatifs.

– Étudier les phénomènes de polyphonie.

4

La caractérisation

On peut définir la caractérisation comme **tout ce qui dépasse le purement informatif.** Il est évident que l'énoncé littéraire est fortement marqué par la caractérisation, et que peut-être les textes les plus chargés de littérarité sont ceux qui ont le plus grand nombre d'éléments caractérisants ; lorsqu'il y a surabondance de caractérisation, on parle alors de surcaractérisation.

Ces éléments caractérisants qui apportent autre chose que l'information strictement nécessaire concernent de nombreux cantons de l'activité langagière : l'énonciation, l'actualisation peuvent être caractérisantes ; certains autres éléments sont systématiquement caractérisants (G. Molinié parle de « caractérisants spécifiques » dans ses *Éléments de stylistique française)* ; enfin, la caractérisation peut concerner le texte à un niveau plus général : ce sont les « caractérisants généraux ».

I. Valeurs caractérisantes de l'énonciation et de l'actualisation

❱ Énonciation et analyse actantielle

Le système énonciatif du texte littéraire est fortement caractérisant car il relève d'un choix : par exemple pour un roman, pourquoi choisir une énonciation à la troisième personne plutôt qu'à la première personne ou plutôt qu'une énonciation épistolaire, alors que la même histoire peut être racontée de ces trois manières ? Au niveau d'un extrait à étudier, la façon dont la page négocie les rapports entre discours et récit est également un élément caractérisant, car au lieu d'informer purement et simplement le lecteur sur les paroles ou sur les pensées du personnage, elle les met en perspective : ce travail et cette manipulation sur l'énonciation permettent à l'ironie flaubertienne de s'exprimer et non pas seulement d'informer le lecteur du triste destin d'une Emma Bovary.

L'organisation et la complexité des relations actantielles (actualisation fondamentale) ont aussi une valeur caractérisante. Ainsi, lorsque le facétieux Diderot dans *Jacques le Fataliste* fait dialoguer le narrateur et le « lecteur » (c'est-à-dire le lecteur inscrit), instaurant une réversibilité dans le niveau actantiel I qui en principe ne l'admet pas, le phénomène est purement et fortement caractérisant et dépasse l'information qui pourrait se gloser par : « Les lecteurs sont impatients de connaître la suite d'une intrigue, et l'art du conteur consiste à les faire languir… » :

L'aube du jour parut. Les voilà remontés sur leurs bêtes et poursuivant leur chemin. — Et où allaient-ils ? — Voilà la seconde fois que vous me faites cette question…

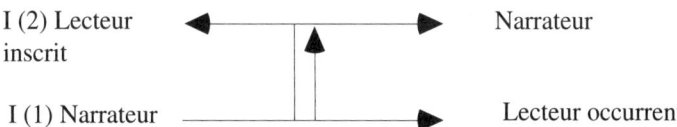

I (2) Lecteur inscrit ◀——————▶ Narrateur

I (1) Narrateur ——————▶ Lecteur occurrent

La caractérisation est dans cette troublante transformation de l'énonciation-communication littéraire qui feint de devenir symétrique.

⟩ L'actualisation

L'actualisation est l'ensemble des phénomènes linguistiques qui permettent de passer de la langue à la parole, c'est-à-dire de donner un référent à un ensemble de signes linguistiques.
L'actualisation concerne donc les substantifs et les formes verbales.

• L'actualisation du substantif

Le substantif est actualisé grâce à des mécanismes de détermination :
– les déterminants : articles, démonstratifs, possessifs, indéfinis, cardinaux ;
– les compléments du nom déterminatifs (*le cheval de Pierre* permet de préciser le référent du nom *cheval*) ;
– les adjectifs relationnels (*la voiture présidentielle* : l'adjectif précise de quelle voiture il s'agit[1]) ;
– les relatives déterminatives (*Le peintre qui a réalisé ce tableau est un génie* : la relative donne un référent à son antécédent).
Parmi tous ces actualisateurs, les déterminants peuvent dans certains cas cumuler leur rôle actualisant et une valeur caractérisante. Nous citerons ici les cas les plus fréquents :
– L'article défini permet de référer à un objet déjà identifié ou annonce cette identification par un complément déterminatif (*la porte du château*), ou par une relative déterminative. L'article défini utilisé en dehors de ce cadre a donc une valeur caractérisante. On citera notamment le cas bien connu de l'article de fausse

---

1. Voir *supra,* p. 85, note 2.

notoriété qui ouvre bien des textes et qui contribue à créer l'univers de référence. Ainsi, dans l'*incipit* de *La Bête humaine* de Zola, les articles définis imposent plus qu'ils ne posent un décor (début dit *in medias res*) :

En entrant dans *la* chambre, Roubaud posa sur *la* table *le* pain d'une livre, *le* pâté et *la* bouteille de vin blanc.

Mais il peut aussi créer un halo impressif, comme dans *Mandoline* de Verlaine, grâce à un emploi généralisant pour un référent ressenti pourtant comme particulier du fait du complément de lieu qui donne un espace précis à ce qui devient un tableau :

Les donneurs de sérénades
Et *les* belles écouteuses
Échangent des propos fades
Sous les ramures chanteuses

Ou bien il peut même accentuer le mystère du référent comme dans le fameux vers d'*El Desdichado* « Je suis *le* ténébreux, — *le* veuf, — *l'*inconsolé… », qui ne comporte que des déterminants définis, mais qui ne suffisent pas à créer un univers de référence.

Son utilisation avec une valeur générique (l'être est considéré comme valant pour la totalité de la classe à laquelle il appartient) le rend fréquent dans l'énonciation moraliste (« *Les* vices entrent dans la composition *des* vertus, comme *les* poisons entrent dans la composition *des* remèdes », La Rochefoucauld). L'article défini peut aussi avoir une valeur emphatique (en particulier en emploi figuré : « *Le* fabuliste français, c'est La Fontaine » ; ou par italianisme devant les noms de grandes actrices ou cantatrices : *la* du Parc, *la* Callas) ou bien au contraire péjorative ou populaire (*le* Sganarelle, *la* Maheude). L'article défini est obligatoire quand le nom propre est précédé d'un adjectif (*la* petite Fadette).

– L'article indéfini marque une opération d'extraction d'un ou plusieurs exemplaires parmi une classe : il actualise normalement un objet non encore identifié (« Au loin, Hansel et Gretel aperçurent *une* maison »), ou bien présenté comme un exemplaire quelconque d'une classe (« *Un* écrivain est le reflet de son temps »). Il a une valeur caractérisante quand il détermine un objet au référent bien connu (dans *Le Cid*, Rodrigue s'exclame « Il faut venger *un* père et perdre *une* maîtresse »). L'article indéfini permet aussi l'antonomase, figure qui consiste à utiliser un nom propre en nom commun pour identifier « une classe d'individus qui a les mêmes qualités que celui qui porte ce nom » (C. Fromilhague, *Les Figures*, p. 72) : *un* Harpagon, *un* Jocrisse, *une* Agrippine. Il peut aussi marquer l'intensité dans la tournure « Il est d'*une* bêtise ! ». Enfin, ne présupposant pas l'existence du référent, il peut laisser celui-ci dans la plus grande imprécision, comme dans ce tercet d'Éluard (*Deux poètes d'aujourd'hui*) :

Si je vous dis que dans le golfe d'*une* source
Tourne la clé d'*un* fleuve entr'ouvrant la verdure
Vous me croyez encore plus vous comprenez

– L'article partitif est caractérisant quand il détermine un substantif comptable : « vendre *du* rêve. »
– L'article zéro peut donner une caractérisation archaïsante qui le rend fréquent dans des proverbes ou des maximes (qui veulent suggérer une sagesse des nations) :

Patience et longueur de temps
Font plus que force ni que rage. (La Fontaine)

Il a également une valeur caractérisante dans des séries énumératives où il contribue à créer la figure d'épitrochasme (suite de mots brefs coordonnés par juxtaposition), comme dans *La Laitière et le pot au lait* : « Le lait tombe ; adieu veau, vache, cochon, couvée. »

- Pour les autres déterminants, signalons seulement la valeur caractérisante de certains emplois du démonstratif (emphatique ou au contraire péjoratif : « *cet* ail de basse cuisine », écrit Verlaine), de certains emplois du possessif lorqu'il apparaît alors qu'il ne serait pas indispensable (« Prends l'éloquence et tords-lui *son* cou ! », Verlaine, *Art Poétique*) : il marque alors l'insistance ou une connotation affective (« nous prendrons bien soin de *votre* Jacques ») ou péjorative (« *Votre* Monsieur Tartuffe est bien heureux… », Molière).

- **L'actualisation du verbe**

L'actualisation du verbe se réalise par le choix de la personne, du temps et du mode.

Sont caractérisants dans un texte littéraire les phénomènes qui relèvent du choix et non de la contrainte grammaticale. C'est pourquoi c'est surtout le choix de la personne et du temps qui peuvent avoir cette valeur caractérisante.

Nous retrouvons donc la problématique de l'énonciation déjà assez largement évoquée. Doivent être particulièrement considérés :

- le rôle de la forme verbale dans l'expression de la modalité, en particulier le rôle des modes pour l'expression de la modalité jussive et de la modalité exclamative (par exemple être attentif à l'expression du souhait ou du regret) ;
- les valeurs aspectuelles des formes verbales ;
- l'opposition discours/récit.

Nous nous bornerons à quelques mots sur les aspects[1] :

- aspect grammatical : on oppose d'une part l'aspect non accompli (toutes les formes simples de la conjugaison) et l'aspect accompli (toutes les formes composées), d'autre part aspect sécant (le procès est considéré à l'intérieur de son déroulement, comme une succession

---

1. Pour plus de détails, se reporter à une grammaire.

d'instants, sans que l'on en considère les limites extrêmes : présent, imparfait, et les formes composées correspondantes) et aspect global (le procès est considéré de l'extérieur comme un tout non décomposé en suite d'instants : passé simple, futur, conditionnel, et les formes composées correspondantes) ;
– aspect lexical : certains verbes ont un sémantisme perfectif, c'est-à-dire que le procès n'acquiert d'existence complète et véritable que lorsqu'il est parvenu à son terme (*mourir, partir*), d'autres verbes ont un sémantisme imperfectif (*vivre, attendre*) ;
– périphrases d'aspect : certaines périphrases permettent d'exprimer l'aspect inchoatif (*commencer à, se mettre à*), l'aspect terminatif (*finir de, cesser de*), l'aspect duratif (*être en train de*).

Enfin, les aspects peuvent s'exprimer aussi par des compléments circonstanciels :
– aspect itératif : « il vint tous les jours pendant des semaines » ;
– aspect semelfactif : « il vint une seule fois » ;
– aspect duratif : « il partit longtemps ».

II. Les caractérisants spécifiques

Ces éléments langagiers dont la fonction essentielle est la caractérisation sont :
– les adjectifs qualificatifs (et non à valeur relationnelle[1]) : « ce rêve *étrange* et *pénétrant* » (Verlaine) ;
– les relatives non déterminatives : « Un loup, *qui commençait d'avoir petite part / Aux brebis de son voisinage, /* Crut qu'il fallait s'aider de la peau du renard » (La Fontaine) ;

---

1. Voir *supra*, p. 85, note 2.

– les compléments du nom non déterminatifs : « Ces fées *aux cheveux verts* » (Apollinaire), « le pin *avec sa plaie au flanc* » (Gautier) ;
– les métaphores nominales : « les *cuivres* du couchant » (Verlaine), « Cheveux bleus, *pavillons de ténèbres tendues* » (Baudelaire), qui caractérisent les substantifs ;
– les compléments non essentiels : « La voix chante toujours *à en râle-mourir* » (Apollinaire), « la duchesse [...] le regardait *avec une impertinence admirable* » (Stendhal), qui caractérisent les verbes ;
– les adverbes : « ils sont *vraiment* affreux ! », « ... on ne les voit jamais vers les pavés / Pencher *rêveusement* leur tête appesantie » (Baudelaire ; caractérisation intensive dans le premier exemple, qualitative dans le second), qui caractérisent les adjectifs et les verbes ;
– les connotations : *prétendre, brunâtre, marâtre*, qui peuvent caractériser n'importe quelle classe grammaticale.

Ces caractérisants sont particulièrement remarquables quand ils aboutissent à une **caractérisation non pertinente**, c'est-à-dire inattendue (par exemple un pléonasme : « un silence muet » ; ou un oxymore « le vacarme du silence » ; voir le chapitre sur les figures).

III. Autres faits de caractérisation : la caractérisation générale

La caractérisation générale d'un texte n'est pas repérable sur des constituants isolés ; il s'agit de faits qui concernent des segments plus larges.

Outre l'énonciation dont nous avons abordé la valeur caractérisante au début de ce chapitre, la caractérisation générale a essentiellement pour support :

• Les **figures macrostructurales**, c'est-à-dire les figures qui ne sont pas isolables sur des éléments formels précis (ou qui peuvent persister même si l'on modifie ces éléments formels) ; en particulier sont caractérisantes les figures d'ironie (par exemple, quand Voltaire écrit que Candide et Pangloss ont été menés « dans des appartements d'une extrême fraîcheur, dans lesquels on n'était jamais incommodé du soleil », l'information est /Candide et Pangloss furent menés dans des cachots/ ; toute la formulation ironique relève d'un fait de caractérisation), de paraphrase (puisque c'est le développement d'une unique information sous divers aspects, on voit que le contenu informatif est pauvre, le reste n'est que caractérisation) et plus généralement d'amplification (répétition d'une même information sous des formes diverses) ; l'hyperbole, souvent associée à l'expression du haut degré (ensemble des procédés qui marquent l'intensité ou la quantité : lexique comportant ce sémantisme, figures d'emphase, par exemple extension sonore ou réduplication : « *Le Rhin le Rhin* est ivre », Apollinaire).

• Les **tropes non lexicalisés** puisque, pour comprendre le segment, on est obligé de voir le trope, ce qui implique que l'on voie en plus de l'information (sans sa formulation tropique), la formulation tropique elle-même : ainsi, quand Doña Sol dit à Hernani « Vous êtes mon lion superbe et généreux », on comprend qu'elle vante l'héroïsme et la noblesse de son amant (c'est l'information), mais avec une caractérisation intensive que n'aurait pas « vous êtes mon noble héros » ! Même lorsque la traduction du trope est plus difficile (« Soleil cou coupé » d'Apollinaire, « La terre est bleue comme une orange » d'Éluard), il y a toujours un phénomène de caractérisation (qualitative, poétique, épique, tragique, mais aussi hermétique, mystérieuse, déroutante, surréaliste, etc.).

• D'autres figures, notamment les **figures de répéti-tion** : « O triste, triste était mon âme / À cause, à cause d'une femme » (Verlaine) : la réduplication de *triste* et de *à cause* crée une caractérisation intensive.

• La **structure phrastique** : par exemple constituent un fait de caractérisation les phrases à parallélisme, qui vont souvent de pair avec l'amplification, comme dans la description de la pension Vauquer qui est en outre largement orga-nisée autour d'un rythme ternaire et qui n'est qu'une para-phrase du thème-titre, l'odeur de pension :

> Elle sent le renfermé, le moisi, le rance ; elle donne froid, elle est humide au nez, elle pénètre les vêtements ; elle a le goût d'une pièce où l'on a dîné ; elle pue le service, l'office, l'hospice.

• La **qualité du vocabulaire** : registres et niveaux de langue sont aussi caractérisants ; pensons aux *Exercices de style* de Queneau.

• La **structure textuelle** : cohésion, connecteurs, progres-sion du texte. Par exemple la progression à thème constant grâce à l'anaphore du pronom *il* participe à la caractérisation pathétique du poème de Prévert *Le Déjeuner du matin*, cité dans le chapitre précédent.

• Les **isotopies** : ainsi l'isotopie de la déchéance qui se dégage de la description de la pension Vauquer participe à la caractérisation dysphorique du texte. Alors que l'isotopie est un phénomène sémantique, la caractérisation est de l'ordre de l'esthétique.

En pratique...

La caractérisation touche tous les secteurs d'analyse stylistique. Il faut donc :
– se demander quel est le contenu informatif du texte à analyser ;
– étudier l'énonciation (pour montrer sa caractérisation litté-raire) et l'actualisation ;

– relever de manière systématique les caractérisants spécifiques, en les regroupant soit selon leur nature, soit selon le type de caractérisation qu'ils expriment ;

– relever les faits de caractérisation générale les plus importants, en diversifiant ce relevé ;

– effectuer tous ces relevés en gardant présentes à l'esprit

• l'opposition information/caractérisation ;

• la relation entre caractérisation et détermination générique : la caractérisation ne fonctionne pas de la même façon dans un texte descriptif et dans un texte élégiaque ;

• la relation entre caractérisation et littérarité : lien évident, puisqu'un texte littéraire ne vaut pas en tant que tel par les informations qu'il donne mais par son système de caractérisation ; pour donner un exemple lapidaire, *Au bonheur des dames* de Zola ne relate pas la création des grands magasins comme un document, mais comme une épopée : l'exposition de blanc n'est ni l'inventaire des marchandises mises en vente, ni le plan de l'étalage, mais une description littéraire, c'est-à-dire surcaractérisée.

5

Les figures

Les figures peuvent se définir de manière presque simple en disant qu'« il y a une non-correspondance entre l'information véhiculée (I) et le système expressif (E) utilisé », « lorsque l'effet de sens produit ne se réduit pas à celui qui est normalement engagé par l'arrangement lexical et syntaxique occurrent[1] ». La figure est une expression détournée ; si elle joue un rôle déterminant dans la caractérisation et dans la littérarité, elle n'est pas pour autant réservée à la littérature : le langage le plus courant abonde en figures de toutes sortes, que ce soit des clichés (« sortir de ses gonds », « filer à l'anglaise », « une auberge espagnole », etc.), ou non (l'ironie par exemple). C'est donc la manière dont elles sont mises en œuvre, ainsi que leur combinaison avec d'autres phénomènes stylistiques qui donnent aux figures un rôle capital dans la littérarité.

---

1. Définitions de G. Molinié, la première dans *La Stylistique*, p. 113, et la seconde dans le *Dictionnaire de rhétorique* (article « figure »).

Dès l'Antiquité, elles constituaient une part importante de la rhétorique, même s'il ne faut pas réduire celle-ci à celles-là. Cette tradition rhétorique propose divers classements ; le plus courant répartit les figures en quatre grandes catégories :

• **Figures de diction** (ou d'élocution), touchant les Sa et leur combinaison phonique : citons l'apocope («ciné»), l'anagramme («aimer/Marie»), l'allitération («Pour qui sont ces serpents qui sifflent sur nos têtes», Racine).

• **Figures de construction** jouant sur l'arrangement syntagmatique et syntaxique : citons le chiasme («Prêts à tout, à tout indifférents», La Fontaine), l'anacoluthe (rupture de construction), l'hyperbate par rallonge ou par inversion.

• **Figures de sens ou tropes**, touchant le Sé : il s'agit d'un détournement de sens ; les tropes les plus connus sont la métaphore et la métonymie.

• **Figures de pensée**, concernant le rapport du discours avec son référent ; elles peuvent se définir par une attitude énonciative qui fausse le rapport avec le référent : ainsi l'hyperbole marque un discours d'exagération ; l'hypotypose accentue le relief et la présence du référent ; l'ironie marque par son énonciation particulière une distance critique ; ces figures de pensée fondées sur une manipulation énonciative font en fait jouer à plein la coénonciation, car sans la perspicacité ou la complicité du récepteur, elles n'existent pas, et leur existence ne peut se mesurer qu'en termes d'efficacité pragmatique : si l'on ne perçoit pas l'ironie de Montesquieu dans son texte sur l'esclavage des nègres, le texte n'existe pas ; de chef-d'œuvre polémique, il devient une niaiserie totale, même si on laisse de côté la dimension morale.

Par opposition aux figures de pensée, les trois premières catégories ont été souvent réunies sous le nom de « figures de mots », terme inexact, car par exemple, les figures de construction jouent sur l'arrangement syntaxique et non à proprement parler sur le lexique. Ces catégories sont également loin d'être étanches, et la même figure peut fort bien être classée tantôt dans une catégorie, tantôt dans une autre. L'hyperbole est ainsi classée tantôt figure de mot, tantôt figure de pensée.

G. Molinié répartit les figures entre deux grandes catégories étanches, mais en liaison l'une avec l'autre, les **figures microstructurales** et les **figures macrostructurales** ; par rapport à la bipartition précédente, les critères de classement sont plus rigoureux ; de plus, ils intègrent dans les figures macrostructurales les **lieux**, « schémas argumentatifs préconstruits » (C. Fromilhague, *Les Figures de style*, p. 10), « stéréotypes logico-discursifs » (G. Molinié, *Dictionnaire de rhétorique*, article « lieu »). C'est pourquoi nous adopterons cette grande bipartition, quitte à utiliser les catégories traditionnelles comme sous-classement.

Enfin, il est évident que certaines figures ou combinaisons de figures entretiennent des rapports étroits avec des déterminations génériques : ainsi la figure d'amplification, particulièrement la paraphrase, et l'hypotypose sont des figures privilégiées de la description. Nous avons vu également le rôle important des figures dans la caractérisation. Tout cela montre l'importance de l'analyse et de l'interprétation des figures dans le commentaire stylistique.

Nous allons présenter ici les figures les plus importantes à connaître ; il ne s'agit pas tant de retenir leur nom — encore qu'être capable de les nommer est d'une grande commodité quand on fait un commentaire —, que de connaître leur mécanisme logique, sémantique, syntaxique.

I. Figures microstructurales

▶ Mise en place de la notion de figures microstructurales

Pour illustrer les figures microstructurales, nous prendrons un exemple, celui de la métaphore : « cette jeune fille est une rose ».

- ### Définition

Les figures microstructurales :
- se signalent d'emblée et s'interprètent à l'intérieur du microcontexte (« cette jeune fille est une rose » est un énoncé inacceptable sémantiquement si l'on ne voit pas la figure, car une jeune fille ne saurait être un végétal…) ;
- sont isolables sur des éléments précis du discours (c'est-à-dire sur un mot ou sur un groupe de mots, ici le mot « rose ») ;
- disparaissent ou se modifient si l'on change les éléments formels (comparer « cette jeune fille est une rose » avec « cette jeune fille est une étudiante » ou avec « cette jeune fille est un dragon »).

- ### Mise en œuvre

Plusieurs figures microstructurales peuvent se cumuler sur un même mot ou groupe de mots (par exemple une métaphore et une allitération) ;

Certaines figures microstructurales peuvent servir de support à une figure macrostructurale (voir ci-dessous la mise en œuvre des figures macrostructurales).

- ### Par rapport à la tradition rhétorique

Les figures microstructurales incluent les figures d'élocution, de construction et les tropes.

▶ Les principales figures microstructurales

Les figures microstructurales s'organisent essentiellement autour de la répétition, de la disposition des mots, de la caractérisation non pertinente, et des tropes.

- **Figures de répétition**

  Figures de diction[1]

  – **une allitération :** répétition d'un phonème consonantique : « Pour qui *s*ont *c*es *s*erpents qui *s*ifflent *s*ur nos têtes » (Racine) ;
  – **une assonance :** répétition d'un phonème vocalique : « Je fais souv*en*t ce rêve étr*an*ge et pénétr*ant* » (Verlaine) ;
  – **un homéotéleute :** rime en prose (la rime est aussi une figure de répétition) ;
  – **une paronomase :** rapprochement de deux mots aux sonorités proches, mais aux sens très différents : « Il *pleure* dans mon cœur / Comme il *pleut* sur la ville » (Verlaine).

  Figures de construction

  – **une anaphore :** mot générique pour désigner une répétition ; l'anaphore rhétorique désigne la répétition, en tête de plusieurs groupes syntaxiques, d'un mot ou groupe de mots ; elle a une forte valeur oratoire (« Ô *toi* que j'eusse aimé, *ô toi* qui le savais ! », Baudelaire). Inversement l'**épiphore** est la répétition, en fin de plusieurs groupes syntaxiques, de la même expression ; l'**antépiphore** est la répétition de la même expression en tête et en fin d'un ensemble syntagmatique ou d'un énoncé (un poème de *Sagesse* de Verlaine commence

---

1. Signalons au passage deux autres figures de diction qui ne sont pas des figures de répétition : l'**apocope** (abrègement d'un mot par la fin : *ciné, pub,* etc.) et l'**aphérèse** (abrègement par le début : les *Ricains*). Jeux sur le signifiant, ces figures sont nécessairement microstructurales.

par « Écoutez la chanson bien douce » et se termine par
« Écoutez la chanson bien sage ») ;

- **une réduplication** : répétition consécutive d'un mot ou
  groupe de mots (« *Le Rhin le Rhin* est ivre »,
  Apollinaire) ;
- **une anadiplose** : reprise au début d'une phrase d'un
  mot ou groupe de mots utilisé à la fin de la phrase précédente. (« Marie, qui voudrait votre nom retourner, /
  Il trouverait *aimer : aimez*-moi donc, Marie », Ronsard).
  L'anadiplose prend la forme de l'**épanode** quand la
  seconde occurrence sert de thème à un nouveau
  développement (« consciente de *sa nudité* sous la toile
  fine, *sa nudité* que la brise caressait de fraîcheurs »,
  A. Cohen) ;
- **une concaténation** : suite d'anadiploses constituant
  une gradation ;
- **une figure dérivative** : utiliser plusieurs mots formés
  sur la même base lexicale (capable, incapable, capacité,
  etc.) ;
- **un polyptote** : répétition d'un même mot, mais à
  diverses formes (le même verbe utilisé à des temps ou
  à des personnes différents, le même substantif au
  singulier et au pluriel, etc.) ;
- **une polysyndète** : énumération dont tous les termes
  (et non pas seulement les deux derniers) sont reliés par
  et ; on a une énumération close dans la formule *et X, et
  Y, et Z*, et une énumération ouverte dans la formule *X
  et Y et Z* (elle sous-entend *etc.*). La polysyndète est une
  forme d'hyperbate (voir ci-dessous) ;
- **une antanaclase** : c'est la reprise d'un même mot, mais
  avec un sens différent : « le cœur a *ses raisons* que *la
  raison* ne connaît pas » (Pascal).

- **Figures de caractérisation non pertinente**

Ce sont des figures qui aboutissent à donner un caractérisant inattendu.

  – **un oxymore** : rapprochement de deux mots apparemment contradictoires, soit par coordination (« une histoire *drôle et tragique* »), soit par dépendance syntaxique (« cette *obscure clarté* qui tombe des étoiles » ; « se *hâter lentement* ») ;

  – **un zeugma** : syntaxique, c'est la coordination de deux structures syntaxiques différentes (« il m'a dit *de venir, et qu'il était pressé* ») ; sémantique, c'est la coordination de deux éléments allotopiques, par exemple un abstrait et un concret (« vêtu de *probité candide et de lin blanc* » (Hugo) ; « il a pris *son chapeau et ses jambes à son cou* ») ;

  – **une hypallage** : transfert d'un caractérisant, soit par déplacement : « ils allaien*t, obscurs,* sous la nuit *solitaire* » (Virgile), double hypallage : en fait, ce sont les personnages qui sont solitaires et la nuit qui est obscure), soit par changement de catégorie grammaticale (« C'était pendant *l'horreur* d'une profonde nuit » (Racine), pour « une profonde nuit horrible ») ;

  – **un pléonasme** : redondance entre le caractérisant et le caractérisé : « un *océan liquide* ».

- **Figures de construction fondées sur une manipulation syntaxique**

  – **une énallage** : « échange d'un temps, d'un nombre ou d'une personne contre un autre temps, un autre nombre, une autre personne » (Fontanier, p. 293) : « *On* se tue à vous faire un aveu des plus doux » (Molière ; *on = je*, énallage de personne) ;

  – **une anacoluthe** : rupture de construction : « *Exilé* sur le sol au milieu des huées, *ses ailes* de géant l'empêchent de marcher » (Baudelaire) ;

- **un (ou une) hypozeuxe :** reprise de la même structure syntaxique (« J'aime à commander et je commanderai. J'aime qu'on me loue et l'on me louera. », Diderot) ;
- **un épitrochasme :** accumulation de mots brefs : « Tout l'hiver va rentrer dans mon être : *colère / haine, frissons, horreur, labeur dur et forcé* » (Baudelaire) ;
- **un chiasme :** croisement de termes là où l'on attendrait un parallélisme : « Adieu, *vive clarté* de nos *étés trop courts* ! » (Baudelaire ; adjectif-substantif/substantif-adjectif) ;
- **une aposiopèse :** interruption volontaire de son discours : « *J'aime...* À ce nom fatal, je tremble, je frissonne, / *j'aime...* » (Racine) ;
- **une hyperbate :** par inversion de l'ordre normal des mots (« Belle Marquise, vos beaux yeux *d'amour mourir me font* », Molière) ; par rallonge : la phrase qui paraissait finie repart (« Ainsi dit-il, et de joie il châtia sa botte avec sa cravache, *et il alla vers son destin et la maison où cette femme vivait* », A. Cohen).

• **Tropes**

Notre présentation de ces figures qui détournent le sens d'un mot se limitera à la syllepse de sens, à la métonymie et à la synecdoque ; enfin, nous traiterons à part le trope le plus complexe, la métaphore.

- **La syllepse** de sens est une figure par laquelle la même occurrence d'un mot recouvre deux signifiés, et qui donc joue sur la polysémie (par exemple Verlaine décrit des chevaux de bois tournant sur un manège, « Chevaux plus doux que des moutons, doux / Comme un peuple en révolution », cf. p. 90).
- **La métonymie** et sa variante **la synecdoque**, sont des figures dites de contiguïté : si l'on appelle l'imageant le terme métonymique ou synecdochique et l'imagé le terme propre qu'est censé remplacer le terme méto-

nymique ou synecdochique, les Sé de l'imageant et de l'imagé sont associés dans l'expérience ; il y a un lien d'implication logique entre les référents de l'imagé et de l'imageant.

– **La métonymie** est une « figure par laquelle un mot désignant une réalité A se substitue au mot désignant une réalité B, en raison d'un rapport de voisinage, de coexistence, d'interdépendance, qui unit A à B, en fait ou en pensée » (H. Morier, *Dictionnaire de poétique et de rhétorique*).

– **La synecdoque** est un « trope qui permet de désigner quelque chose par un terme dont le sens inclut celui du terme propre ou est inclus par le terme propre » (B. Dupriez, *Gradus*).

Ainsi quand on parle de « boire une bonne bouteille », le mot bouteille est une métonymie pour le vin, le Sé de /vin/ étant constamment associé au Sé de /bouteille/ (remarquer en effet que cette expression n'est jamais comprise au sens de boire une bonne bouteille d'eau ou même de soda, parce que la culture occidentale francophone associe le vin aux soins dont on entoure la bouteille) ; de même, dans « les mortels », « mortels » est une synecdoque pour dire « êtres humains », car le Sé de /mortels/ inclut celui d' /être humain/ (synecdoque généralisante).

On a pu représenter par un schéma la manipulation tropique de la métonymie et celle de la synecdoque[1] :

---

1. Voir F. Moreau, *L'Image littéraire*, SEDES, 1982, p. 65-68, et Groupe μ, *Rhétorique générale,* Larousse, 1970, p. 118.

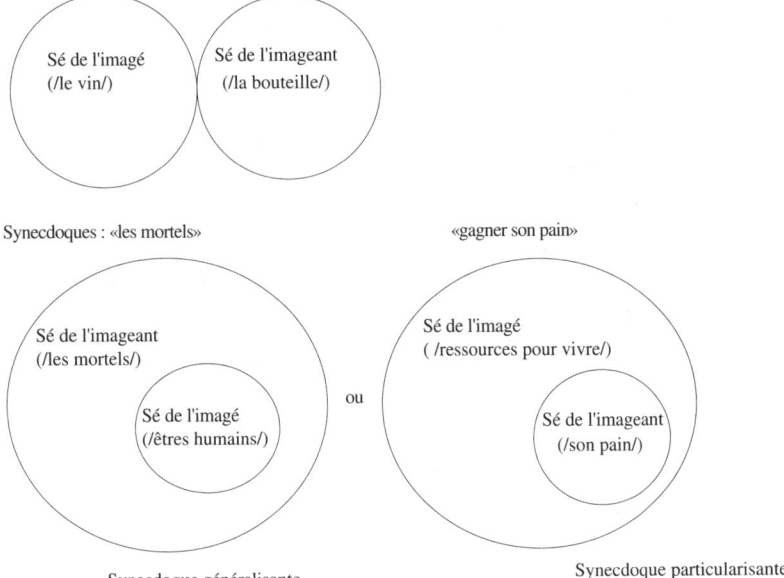

Métonymie : «boire une bonne bouteille»

Sé de l'imagé
(/le vin/)

Sé de l'imageant
(/la bouteille/)

Synecdoques : «les mortels»   «gagner son pain»

Sé de l'imageant
(/les mortels/)

Sé de l'imagé
(/êtres humains/)

ou

Sé de l'imagé
(/ressources pour vivre/)

Sé de l'imageant
(/son pain/)

Synecdoque généralisante   Synecdoque particularisante

On distingue différents **types de métonymies**, dont les plus courantes sont :

- le contenant pour le contenu : boire *un verre* (une boisson), *Paris* s'éveille (= les Parisiens) ;
- métonymie du signe : *le sceptre* (= le pouvoir royal) ;
- le lieu d'origine ou le fabricant pour l'objet : *un bordeaux, un frigidaire, une poubelle* ;
- le possesseur pour l'objet possédé : *Martin* est en panne (= la voiture de Martin) ;
- la conséquence pour la cause ou la cause pour la conséquence : il est resté dans ce village *du berceau à la tombe*, (= de la naissance à la mort) ; *ce travail* est remarquable (= le résultat de ce travail) ;
- l'abstrait pour le concret : elle se prend pour *une beauté* (= une femme très belle) ;
- le physique pour le moral : ouvrir *son cœur* (= ses sentiments).

On distingue aussi des **synecdoques particularisantes** :
- la partie pour le tout : avoir *un toit* (= un logement) ;
- le singulier pour le pluriel : *l'homme* est en train de conquérir l'espace (= les hommes) ;
- l'espèce pour le genre : gagner *son pain* (= sa subsistance) ;
- un nombre précis pour un nombre incertain : je te l'ai déjà dit *cent fois* (= de nombreuses fois) ;
- un nom propre pour un nom commun (**antonomase**) : *un Harpagon* (= un avare).

On trouve des **synecdoques généralisantes** :
- le tout pour la partie : *l'astre* (= le soleil), *un bâtiment* (un navire).
- le pluriel pour le singulier : « *Les foudres* (= la foudre) l'entouraient avec de sourds éclats » (Hugo) ;
- le genre pour l'espèce : « *L'arbre* (= le chêne) tient bon, le roseau plie » (La Fontaine) ;
- un nom commun pour un nom propre (**antonomase**) : *le Misanthrope* (= Alceste), *le petit père des peuples* (= Staline).

- **Comparaison et métaphore**

  Comparaison

Nous n'entrerons pas dans les discussions sur la nature de cette figure, appelée aussi **similitude**. Il est en revanche important d'en démonter le mécanisme.

Soit l'exemple : « Cette jeune fille est belle comme une rose. »

On dira que « cette jeune fille » est le **comparé** (Cé) ou **thème** de la comparaison, « rose » le **comparant** (Ca), « belle » le **motif** de la comparaison, et « comme » l'**outil comparatif**.

Le motif de la comparaison n'est pas obligatoirement exprimé (« cette jeune fille est comme une rose ») : on dit alors que la comparaison n'est pas **motivée**.

Lorsque le Ca est antéposé au Cé et lorsqu'il se développe longuement, on parle de **comparaison homérique** (il y en a beaucoup dans les épopées d'Homère).

Il existe plusieurs outils comparatifs, et plusieurs structures syntaxiques de comparaison ; on peut avoir :

- une conjonction de subordination introduisant une subordonnée de comparaison complète : *comme, de même que, de la même façon que, ainsi que, tel que* ; dans ce cas, la proposition principale, qui contient le Cé, peut être introduite par un connecteur : *de même, ainsi, tel*. Cette structure est souvent celle de la comparaison homérique ;

Comme on voit sur la branche au mois de mai, la rose,
En sa belle jeunesse, en sa première fleur,
Rendre le ciel jaloux de sa vive couleur,
Quand l'aube, de ses pleurs, au point du jour l'arrose ; […]
Ainsi, en ta première et jeune nouveauté,
Quand le ciel et la terre honoraient ta beauté,
La Parque t'a tuée, et cendre tu reposes. (Ronsard)

- une conjonction introduisant une subordonnée elliptique : « cette jeune fille est belle comme une rose », ou un adjectif (*pareil à, tel*, etc : « tel un diable jaillissant de sa boîte, il bondit hors de sa chambre »).

Métaphore

Figure majeure, la métaphore est un trope, traditionnellement défini comme **une comparaison abrégée**.

Soit l'exemple : « Cette jeune fille est une rose ». Par rapport à la comparaison, on retrouve dans cette occurrence le Cé (*jeune fille*) et le Ca (*rose*) ; la rose est la métaphore de la jeune fille. En revanche, le motif de la comparaison et l'outil comparatif ont disparu. La coprésence du Cé et du Ca constitue ce qu'on nomme une **métaphore in præsentia**.

Soit maintenant les vers célèbres de Malherbe en *Consolation à M. du Périer* qui vient de perdre sa fille : « Et *rose*, elle a vécu ce que vivent les roses / L'espace d'un matin » : la première occurrence de « rose » est la métaphore (Ca) de la jeune défunte désignée par le pronom « elle » (Cé) ; mais le poète aurait pu garder la métaphore tout en supprimant le Cé : « *Cette rose* a vécu ce que vivent les roses… » ; dans ce cas, « rose » aurait toujours été la métaphore (Ca) mais le comparé (la jeune fille) n'aurait pas été exprimé. L'absence du Cé constitue ce qu'on nomme une **métaphore in absentia**.

On peut aussi ne pas exprimer le Ca et ne garder que le motif de la métaphore ; c'est le cas lorsque le terme métaphorique n'est pas un groupe nominal, mais un adjectif, un verbe ou un adverbe : ainsi, « le Rhin est ivre » (Apollinaire) est une métaphore adjectivale (le terme métaphorique est « ivre ») ; l'adjectif est le motif d'une comparaison qui serait « Le Rhin est ivre comme un être humain » ; de même lorsque Verlaine écrit « Mon esprit amer / D'une aile inquiète et folle vole sur la mer », le groupe verbal (verbe + complément circonstanciel antéposé) constitue une métaphore verbale qui exprime le motif de la comparaison, tandis que le Ca /mouette/ n'est pas exprimé.

Voici un tableau résumant les principales caractéristiques des métaphores :

Constituants de la métaphore	Éléments absents	Exemples (le ou les termes métaphoriques sont en gras)	Commentaires
Cé+Ca ou Ca+Cé	motif	– Cette jeune fille est une **rose** ; « **Bergère** ô Tour Eiffel » (Apollinaire)	– Métaphore in præsentia, à base nominale
Ca + motif	Cé	– Cette **langue de vipère siffle** à mes oreilles (= les propos de cette personne médisante sifflent à mes oreilles comme une langue de vipère)	– Métaphore in absentia, à base nominale

Ca	Cé et motif	– Cette **rose** a vécu ce que vivent les roses (= Cette jeune fille délicate comme une rose)	– Métaphore in absentia, à base nominale
Cé + motif	Ca	– « Le Rhin est **ivre** » (Apollinaire) – « Mon esprit amer / **D'une aile inquiète et folle vole** sur la mer » (Verlaine) – Ses propos **vipérins sifflent** à mes oreilles (= ses propos de personne médisante comme une vipère sifflent à mes oreilles comme une langue de vipère)	– Métaphore exclusivement adjectivale, verbale, ou adverbiale (un complément circonstanciel est l'équivalent d'un adverbe) – Plusieurs motifs peuvent se cumuler, créant parfois une amorce de métaphore filée (dernier exemple)

La métaphore nominale in præsentia peut se présenter sous trois formes grammaticales :
- métaphore attributive : le Ca est attribut grammatical du Cé (ou réciproquement, plus rarement) : « cette femme est un serpent » ; « ce serpent est ma sœur » ;
- métaphore appositionnelle : le Ca est apposé au Cé ou vice versa : « France, mère des arts » (Du Bellay ; « France » est le Cé, « mère des arts » le Ca) ; « Bergère, ô tour Eiffel » (Apollinaire ; « bergère » est le Ca, « tour Eiffel » le Cé) ;
- métaphore appositionnelle introduite par *de* : « Maudit serpent de fille » (Balzac).

• **Comparaison, métaphore et identification atténuée**

Si l'on met en regard la comparaison (motivée ou non) « Cette jeune fille est [belle] comme une rose » et la métaphore « Cette jeune fille est une rose », on voit bien la différence sémantique entre le mécanisme de la comparaison et celui de la métaphore :

- dans la comparaison, les référents des comparants et ceux des comparés sont nettement différenciés : il y a un rapport d'analogie entre eux, même si le motif n'est pas explicité ;
- dans la métaphore, le rapport d'analogie entre les référents tend à devenir un rapport d'identification ;
- alors que dans la comparaison, on a la prise en compte des seuls sèmes communs au Ca et au Cé, dans la métaphore, une sorte de mécanisme fusionnel est à l'œuvre, qui fait que l'ensemble des sèmes du Ca se trouve reporté comme caractérisant le Cé (c'est pourquoi la métaphore est, par essence, caractérisante) : la comparaison sélectionne le seul sème de /beauté/, alors que la métaphore sélectionne certes le sème de /beauté/, mais aussi, en arrière-plan, tous les autres sèmes du mot /rose/ : fragilité, délicatesse, perfection, peut-être même difficulté d'approche du fait des épines...

Or, on rencontre souvent des formules intermédiaires entre comparaison et métaphore, à mi-chemin entre un rapport d'analogie limité et une identification totale : c'est ce que l'on appelle l'**identification atténuée**.

L'identification atténuée met toujours en présence un Cé et un Ca, et parfois le motif du rapprochement.

C'est en fait le sémantisme de l'outil de comparaison qui permet de distinguer l'identification atténuée de la comparaison : cet outil prive en quelque sorte le Ca de référent, le rejette dans le virtuel : il s'agit

- des mots comme *sembler, paraître, avoir l'air, avoir des airs de, ressembler à, faire l'effet de* : « Le poète est semblable au Prince des nuées » (Baudelaire) ;
- d'expressions qui métaphorisent le rapport d'analogie lui-même, comme dans le vers célèbre d'Apollinaire

« Voie lactée, *ô sœur* lumineuse / Des blancs ruisseaux
de Chanaan » ;
- d'expressions qui marquent la subjectivité et la relativité du rapprochement, et qui le mettent ainsi à distance, empêchant l'identification totale et donc la métaphore : le conditionnel ou le subjonctif marquant
l'irréel (*on aurait / eût dit*), un pluriel indéfini (*avoir des
allures de*).

II. Figures macrostructurales

▶ Mise en place de la notion de figures macrostructurales

Pour illustrer les figures macrostructurales, nous prendrons un exemple, celui de la **litote**, figure par laquelle on
exprime le plus en disant le moins, avec deux exemples :
- « Je ne détesterais pas être sous les palmiers et profiter
d'une plage de rêve » : litote qui signifie que le locuteur donnerait cher pour connaître un tel bonheur ;
- le fameux « Va, je ne te hais point » de Chimène à
Rodrigue, interprété pendant des générations comme
une litote signifiant « Va, je t'aime passionnément ».

• Définition

Les figures macrostructurales :
- ne se signalent pas d'emblée et s'interprètent à l'intérieur du macrocontexte : le « Va, je ne te hais point »
n'est plus aujourd'hui interprété comme une litote,
mais comme signifiant proprement « je ne te poursuis
pas par haine, [mais par devoir : ni la haine, ni l'amour
n'ont rien à voir dans ce qui n'est qu'une obligation
morale et non sentimentale] : c'est le macrocontexte
qui permet d'interpréter la réplique de Chimène

comme une litote ou non. De même, l'autre exemple est interprétable en litote à condition que le locuteur soit un amoureux de la mer et du soleil et non un grand allergique aux rayons solaires !

- ne sont pas isolables sur des éléments précis du discours : dans nos deux exemples, c'est l'ensemble de l'énoncé qui est interprétable en litote, et non le seul verbe « haïr », ni même sa forme négative ;
- ne disparaissent pas si l'on change les éléments formels : on aurait la même litote si l'on disait « une plage de rêve sous les palmiers, je reconnais que ce serait assez agréable ! ».

• **Mise en œuvre**

Une figure macrostructurale n'a pas d'autre existence que pragmatique, c'est-à-dire en tant qu'elle est ressentie par le récepteur. Le contexte est donc essentiel.

Plusieurs figures macrostructurales peuvent se cumuler : par exemple **la litote et l'ironie** sont souvent associées comme dans notre exemple exotique, mais cela n'est pas systématique (même si l'on interprète comme une litote les propos de Chimène, ils n'ont rien d'ironique).

Les figures macrostructurales peuvent avoir comme support une ou des figures microstructurales : l'ironie, figure macrostructurale peut s'appuyer sur l'**antiphrase**, figure microstructurale qui consiste à dire quelque chose en faisant entendre le contraire (« Belle mentalité ! ») ; mais l'ironie ne se réduit pas à l'antiphrase : ainsi lorsque Voltaire parle des cachots comme d'« appartements […] dans lesquels on n'était jamais incommodé du soleil », il y a ironie sans antiphrase.

• **Par rapport à la tradition rhétorique**

Les figures macrostructurales incluent les figures de pensée et les lieux.

❯ Les principales figures macrostructurales

- **La personnification** consiste à traiter (scripturairement s'entend !) un objet, une abstraction ou un animal comme une personne ; la figure s'appuie fréquemment sur les figures microstructurales de la métaphore (souvent filée) et de la métonymie ; elle peut être signalée typographiquement par une majuscule (mais c'est loin d'être général) : « Vois se pencher les défuntes Années / Sur les balcons du ciel, en robes surannées » (Baudelaire).

- **La prosopopée** : figure par laquelle une abstraction, un mort, un être surnaturel ou inanimé prend directement la parole et fait un discours : ainsi *La Maison du berger* de Vigny contient une longue prosopopée de la nature, qui commence ainsi : « Je suis l'impassible théâtre / Que ne peut remuer le pied de ses acteurs ». La prosopopée est une forme de personnification.

- **L'apostrophe rhétorique** : consiste à s'adresser à des interlocuteurs qui ne peuvent avoir ce statut : objets, morts, abstraction, être absent, etc., ainsi que le moi dédoublé : « Ô rage, ô désespoir, ô vieillesse ennemie ! » (Corneille). C'est donc **la réciproque de la prosopopée** avec laquelle il ne faut pas la confondre. Elle peut être associée à des figures microstructurales, notamment à la métonymie.

- **La prétérition** consiste à feindre de ne pas dire ce que précisément on est en train de dire : c'est très généralement un moyen de se concilier son interlocuteur puisqu'on feint de ne pas prendre à son compte ce que l'on dit ; la figure est souvent utilisée pour introduire et pour naturaliser une description : c'est le thème de l'objet impossible à décrire (voir la pension Vauquer qui a « une odeur sans nom dans la langue, et qu'il faudrait appeler l'odeur de pension ») ; figure polyphonique, puisque l'énonciation de ce qui est dit est en même temps refusée ou au moins tenue à distance, la prétérition est souvent liée à l'ironie (« Je n'ai pas besoin de vous dire que tricher est interdit ») ; enfin, comme le montrent les exemples, elle souligne l'énoncé.

– **L'interrogation oratoire** est une fausse demande d'information ; il s'agit donc d'une assertion déguisée : ainsi la morale de la fable *Le Renard et les raisins* prend cette forme : « Fit-il pas mieux que de se plaindre ? » ; quand elle a, comme dans cet exemple, valeur argumentative (tenter d'amener comme de lui-même l'interlocuteur à partager son point de vue), on trouve souvent une interro-négative ou une interrogation à l'infinitif (« pourquoi s'en faire ? ») ; les autres formes d'interrogations oratoires sont fréquemment lyriques ou pathétiques.

– **L'ironie :** cf. première partie, chapitre 2, le paragraphe « sémiotique de l'ironie ».

– **La litote :** voir ci-dessus.

– **L'euphémisme :** figure par laquelle on tente d'atténuer les côtés désagréables du référent. L'euphémisme s'emploie particulièrement pour parler de la mort : « Il est parti, il nous a quittés » ou « Elle a vécu, Myrto, la jeune Tarentine » (Chénier). L'euphémisme est le contraire de la litote, dans le sens où la litote n'atténue que pour mettre en relief et pour renforcer ce qui est dit. L'euphémisme se cumule souvent avec une périphrase.

– **L'hyperbole :** exagération du référent : on fait paraître plus grand (ou plus petit) ce dont on parle. L'hyperbole se réalise grâce à toutes les marques du haut degré (superlatifs et comparatifs, adverbes intensifs (*si, tellement,* etc.), lexique du haut degré, certaines métaphores) ; elle est souvent associée à la périphrase ; elle est la figure majeure de l'épique, et joue aussi un rôle important dans le discours satirique, polémique ou lyrique : « C'étaient des hommes géants sur des chevaux colosses » (Hugo) ; « Serais-je donc le seul lâche sur la terre ? [...] Perdu parmi deux millions de fous héroïques et déchaînés et armés jusqu'aux cheveux ? » (Céline) ; « Hélas ! bien jeune encore, tu te mourais d'amour. / Console-moi ce soir, je me meurs d'espérance » (Musset : c'est la Muse qui s'adresse au poète).

- **L'amplification :** exagération du Sa : la même information est donnée de manière redondante. Dans sa forme la plus simple, l'amplification se réalise grâce à la figure microstructurale de réduplication (ou extension sonore) : « Ô triste, triste était mon âme » (Verlaine). L'amplification regroupe plusieurs figures macrostructurales dont les plus importantes sont **la paraphrase, l'expolition, l'épanorthose, la gradation et la conglobation.**

- **L'expolition :** redondance d'une même information au moyen d'une reformulation en général plus concrète.

- **La paraphrase :** c'est une figure par laquelle on développe une même information en en donnant divers aspects. C'est donc une des figures majeures de la description : la description de la casquette de Charles Bovary commence par une **expolition** et se poursuit par une **paraphrase** : « C'était une de ces coiffures d'ordre composite, où l'on retrouve les éléments du bonnet à poil, du chapska, du chapeau rond, de la casquette de loutre et du bonnet de coton [expolition sur le thème « coiffure d'ordre composite »]. Ovoïde et renflée de baleines, elle commençait par trois boudins circulaires ; puis s'alternaient, séparés par une bande rouge, des losanges de velours et de poil de lapin [...] [paraphrase : détails illustrant le caractère composite de la coiffure].

- **L'épanorthose :** retouche corrective : « il n' y va pas, il y court ! » (associée à la gradation) ; « il ramassa le livre ou plutôt ce qui en restait ».

- **La gradation :** figure par laquelle on répète une idée avec des formulations de plus en plus intenses : « Va, cours, vole et nous venge *!* » (Corneille) ; comme on le voit avec cet exemple, la gradation peut s'appuyer sur la figure microstructurale de l'épitrochasme ; elle peut aussi être associée à l'épanorthose. Elle est souvent réalisée grâce aux figures microstructurales de l'hypozeuxe et de la concaténation : « Si je savais quelque chose qui me fût utile, et qui fût préjudiciable à ma famille, je la rejetterais de mon esprit. Si je savais quelque chose utile à ma famille, et qui ne le fût pas à ma patrie, je chercherais à l'oublier. Si je savais quelque chose utile à ma patrie, et qui fût préjudiciable à l'Europe, ou bien qui fût utile à l'Europe et qui fût préjudiciable au genre humain, je la regarderais comme un crime » (Montesquieu).

- **La conglobation :** figure déceptive (c'est-à-dire qui trompe l'attente du lecteur) par laquelle on accumule une série de traits sémantiques redondants, mais qui ne prennent sens qu'à la lecture globale du texte ; la conglobation peut être dévoilée à la fin du passage, mais ce n'est pas obligatoire. Voir le portrait de Giton de La Bruyère : « Giton a le teint frais, le visage plein et les joues pendantes, l'œil fixe et assuré, les épaules larges, l'estomac haut, la démarche ferme et délibérée. Il parle avec confiance ; il fait répéter celui qui l'entretient, et il ne goûte que médiocrement tout ce qu'il lui dit. [...] Il est riche. » Elle concerne les textes descriptifs, mais aussi narratifs. Quand elle est dévoilée, elle est souvent associée à la figure macrostructurale de la **chute** (formule finale qui constitue une conclusion frappante et inattendue).

– **La périphrase :** figure par laquelle on désigne un être, un objet ou une abstraction par une expression détournée, en général symbolique ou descriptive : « l'astre des nuits », « les commodités de la conversation » (Molière, pour dire les fauteuils). Cette figure a souvent valeur d'amplification ou d'hyperbole.

– **L'hypotypose :** figure majeure de la description, qui feint de mettre l'objet décrit sous les yeux (la figure s'appuie souvent sur une énallage de temps : on utilise le présent au lieu du passé), d'où une fréquente manipulation énonciative qui consiste à apostropher l'interlocuteur ou le lecteur (« vous eussiez dit », « imaginez ») ou bien à feindre que l'objet appartient à une catégorie connue du récepteur (« un de ces... »). Cette figure se caractérise aussi par son caractère parcellaire : l'objet décrit est donné pour ainsi dire sous la forme de morceaux de puzzle montrés en gros plan et en relief, le récepteur devant reconstituer l'ensemble. La description de la casquette de Charles Bovary citée ci-dessus pour illustrer paraphrase et expolition en est un bon exemple. Il montre bien la prise à partie du récepteur (« une de ces coiffures... »), la présentation en puzzle, et le caractère déceptif de la figure, totalement réalisé ici, puisqu'il est impossible de faire un dessin de cette casquette. L'hypotypose se rencontre aussi pour un récit (voir le récit de Théramène dans la *Phèdre* de Racine).

– **Le paradoxe :** figure par laquelle on pose une affirmation qui va contre la logique ordinaire (de *para* « en marge de », et de *doxa* « l'opinion ») : toute la fable *Le chêne et le roseau* est fondée sur un paradoxe : le plus fort n'est pas forcément le plus résistant. La figure est souvent associée à l'antithèse (« Qui aime bien châtie bien ») et s'appuie fréquemment sur la figure microstructurale de l'oxymore (« mourir guéri »).

- **L'antithèse :** opposition d'idées : dans *Les Caractères* de La Bruyère, le portrait de Giton le riche est en antithèse avec le portrait de Phédon le pauvre. L'antithèse peut s'appuyer sur un oxymore.
- **L'allusion :** figure par laquelle on se réfère sans le dire à un texte ou à un événement. La figure s'appuie souvent sur la figure microstructurale de syllepse de sens. Les « fous héroïques », périphrase descriptive de Céline pour dire « les soldats », est aussi une allusion à la « boucherie héroïque », périphrase descriptive utilisée par Voltaire pour désigner la bataille.
- **L'allégorie :** figure par laquelle un énoncé qui peut paraître cohérent si on ne voit pas la figure, si on le prend au pied de la lettre, a en réalité une valeur figurée de l'ordre de la métaphore. L'allégorie n'est décelable que grâce au contexte, d'où son caractère macrostructural. Voici un énoncé allégorique devenu un cliché : « Les loups sont dans la bergerie » : cet énoncé parfaitement cohérent sans interprétation figurée, peut aussi dans certains contextes avoir une valeur allégorique et signifier « les victimes sont livrées sans défense à leurs agresseurs ». Comme la conglobation, l'allégorie est une figure souvent difficile à repérer et en même temps majeure pour l'interprétaion des textes (penser par exemple à *La Peste* de Camus). Elle s'appuie essentiellement sur la métaphore in absentia et plus particulièrement dans forme filée.
- **Les figures macrostructurales de second niveau :** les lieux constituent un groupe particulier de figures macrostructurales, qu'on a pu appeler **figures de second niveau**. Les lieux forment un répertoire de développements argumentatifs au service des preuves

éthiques, pathétiques et logiques[1]. Cela ne signifie pas, comme on tend à le penser péjorativement, qu'ils sont tout faits, mais ils se rapprochent plutôt d'une sorte de typologie des textes. C'est ainsi que nous avons déjà beaucoup parlé de la **description**, lieu qui se sous-catégorise en **prosopographie** (portrait physique), **éthopée** (portrait moral), **topographie** (description d'un lieu) et **chronographie** (présentation de l'époque et de la chronologie d'un récit). L'**exemple** et l'**enthymème** (syllogisme incomplet) constituent aussi des lieux.

En pratique...

L'étude des figures demande à la fois un regard microstructural et un regard macrostructural !

Il faut donc :

– mener un repérage ordonné, selon la grande dichotomie figures microstructurales *vs* figures macrostructurales ;

– ne pas oublier que plusieurs figures peuvent se cumuler sur le même segment ;

– ne pas oublier que les figures macrostructurales sont souvent réalisées à l'aide de figures microstructurales ;

– bien identifier une figure : attention notamment à la distinction métaphore/métonymie pour les figures microstructurales, à la distinction apostrophe rhétorique/prosopopée/personnification ainsi qu'à la distinction hyperbole/figures d'amplification, pour les figures macrostructurales ; l'une n'exclut pas l'autre mais il faut bien les délimiter.

– analyser le fonctionnement des figures : si c'est une métaphore, quels sont les termes métaphoriques (base nominale, verbale, adjectivale, etc.) ? A-t-on le Ca ? le Cé ? le motif ? Est-elle filée ? Si c'est une métonymie (ou une synecdoque), de quel type est-elle ?

---

1. Voir la présentation de la rhétorique dans la première partie, chapitre 2.

– analyser le rapport entre les figures microstructurales et figures macrostructurales : telle figure microstructurale n'entre-t-elle pas dans la réalisation d'une figure macrostructurale ? Telle figure macrostructurale ne se réalise-t-elle pas grâce à une ou plusieurs figures microstructurales ?

– établir le lien entre figures et signification du texte : c'est la partie interprétative du travail : comment les figures permettent-elles de tisser l'interprétation du texte (rôle important ici des figures de second niveau, de la conglobation, de l'allégorie et des figures macrostructurales en général), quel rôle jouent-elles dans la caractérisation ?

6

La phrase

Dans le cadre de ce livre d'initiation, nous ne pouvons entrer dans les discussions sur la notion de phrase ; nous nous contenterons ici d'une définition bien imparfaite en disant qu'il s'agit d'une unité syntactico-sémantique simple ou complexe délimitée par de la ponctuation forte. Ce dernier point pose d'ailleurs immédiatement problème, puisque depuis Apollinaire, nombre de textes de poésie ou de prose ne sont pas ponctués ; on pourra les étudier en essayant de rétablir fictivement la ponctuation, et en montrant les ambiguïtés et les richesses dues à l'absence de ponctuation.

L'étude de la phrase peut se décomposer en quatre postes : grammaire de la phrase (phrase et énonciation, ordre des mots, phrase et syntaxe), architecture de la phrase, mélodie et rythme.

I. Grammaire de la phrase

Il ne s'agit pas de mener une analyse grammaticale de la phrase, mais d'en dégager les principales lignes de force en en donnant si possible une interprétation stylistique, c'est-à-dire en montrant le lien entre une pratique grammaticale et une écriture.

▶ Phrase et énonciation

La première analyse doit prendre en compte le lien entre la phrase et l'énonciation : on aura donc intérêt à étudier l'actualisation fondamentale, c'est-à-dire le système énonciatif du texte ; il conviendra de distinguer les phrases qui relèvent de l'énonciation de récit de celles qui relèvent de l'énonciation de discours (au sens de Benveniste).

Ensuite, on étudiera les modalités utilisées ; ce relevé doit aboutir à une mise en perspective typologique : texte purement narratif, texte lyrique, texte oratoire, texte argumentatif, etc.

▶ Ordre des mots : ordre intrasyntagmatique

On s'intéressera surtout à l'ordre des mots dans le groupe adjectif-nom et dans le groupe verbal.

• Groupe adjectif-nom

En principe, l'ordre stylistiquement non marqué de ce type de groupe nominal consiste à postposer l'adjectif, selon la règle de la séquence progressive (ordre complété-complément) qui régit l'ordre des mots en français (*une maison agréable*).

Cependant, la règle de la séquence progressive peut être contrariée par la règle de la cadence majeure qui fait que le français préfère disposer les mots par ordre de masse croissante : ainsi, un adjectif très bref sera volontiers antéposé au substantif dont il est épithète, sans que cet ordre des mots soit marqué stylistiquement (*une grande maison*).

Certains adjectifs sont toujours postposés dans l'ordre non marqué : ce sont les adjectifs de couleur (*une maison bleue* ; au contraire on a un ordre marqué dans *les vertes vallées*), les adjectifs relationnels (*polaire, providentiel,* etc.), les adjectifs classifiants (*rond, célibataire,* etc.), les participes, les adjectifs en *-ard, -eur* (*un enfant travailleur*).

Lorsque le choix est possible, ou lorsque l'ordre choisi est marqué (*une maison grande*), il faut interpréter le choix ou la marque.

Pour cela, on se souviendra que l'adjectif postposé tend à être descriptif, objectif, concret ; de plus, quand la postposition est marquée, l'adjectif est mis en relief. L'adjectif antéposé tend au contraire à être subjectif, impressionniste, à avoir une valeur morale ou abstraite, bref à relever davantage du symbolique, ce qui explique la fortune de l'antéposition dans les textes poétiques. On peut ainsi comparer : *un homme brave* (qualité objectivement reconnue, valeur descriptive de l'adjectif) et *un brave homme* (*brave* a alors un sens psychologico-moral, valeur subjective de la caractérisation) ; *une vallée verte* (adjectif purement descriptif, ne disant que la couleur) et *une verte vallée* (adjectif à valeur plus abstraite et plus symbolique : la couleur verte marque ici la fécondité et l'abondance) ; « *une grande maison* serait plus agréable » (ordre non marqué du fait de la cadence majeure) et « *une maison grande* serait plus agréable » (ordre marqué du fait de la cadence mineure ; valeur d'insistance, de mise en relief).

- **Groupe sujet-verbe-complément (ou attribut)**

L'ordre non marqué relève de la règle de la séquence progressive : sujet-verbe-complément.

Cependant, le sujet peut être inversé de manière non marquée en modalité interrogative, dans l'expression du souhait (« Puisse-t-il venir ! » ou bien avec un subjonctif dépourvu de la béquille QUE : « Passe le temps, vogue la galère »), de la supposition (« Soit un triangle ») ou bien pour marquer la subordination implicite (« Faisait-il beau, il sortait aussitôt »), ou bien dans une proposition incise (« dit-il », « s'écria la jeune fille ») ou après des adverbes de discours (*ainsi, peut-être, sans doute*, etc. : « Ainsi fut-il fait »). On peut également rencontrer cette inversion pour des raisons rythmiques en particulier dans certaines subordonnées relatives pour respecter la cadence majeure : « Voilà l'homme que vit la jeune fille ». Dans tous ces cas, c'est l'absence d'inversion qui constitue un ordre marqué. En proposition incise, et lorsque la modalité interrogative appellerait normalement l'inversion, son absence marque un niveau de langage familier : « Où qu'il est le régiment, mon commandant ? qu'on demandait nous... » (Céline). En subordonnée relative, lorsque l'antéposition entraîne une cadence mineure, l'effet de chute est saisissant et met fortement en relief le verbe : « voilà l'homme que la jeune fille vit. »

En dehors des cas particuliers que nous venons de parcourir, le déplacement du sujet à droite du verbe constitue un ordre marqué, qui a notamment des conséquences sur la thématisation. En effet, l'inversion du sujet se trouve dans deux cas : ou bien le verbe est en tête de phrase, ou bien un complément ciconstanciel (ou un adverbe) est en tête de phrase et précède immédiatement le verbe. Le verbe à l'initiale absolue se trouve en particulier dans les indications scéniques (« Entre un garde ») où le verbe est en fait le thème de la phrase (elle équivaut à « Entrée d'un garde »), et pour créer un effet de dramatisation dans un contexte non théâtral (« Venaient d'abord les gardes du corps... »). Lorsque le complément circonstanciel est placé en tête de phrase juste avant le verbe, il occupe la place du thème, et de plus crée un fort effet d'attente du sujet qui devient le propos de la phrase : « Comme il disait ces mots, / Du bout de l'horizon accourt avec furie / Le plus terrible des enfants / Que le

Nord eût portés jusque-là dans ses flancs » ou bien « Un jour, sur ses longs pieds, allait, je ne sais où, / Le héron... » (La Fontaine).

La séquence sujet-verbe peut aussi être perturbée par différentes formes de disjonction : insertion d'éléments adventices entre sujet et verbe (on en a un exemple avec le premier vers de la fable *Le Héron* citée ci-dessus), thématisation à droite ou à gauche (« il aime le chocolat, Pierre » ; « Pierre, il aime le chocolat » ; « Pierre, le chocolat, il aime ça » : dans ce dernier cas, on a double thématisation, du sujet et du COD).

La séquence V-Complément (ou attribut) peut aussi connaître un ordre marqué. Sauf lorsqu'ils sont sous forme pronominale, le complément d'objet indirect ou second[1] ou l'attribut antéposés sont thématisés et mis en relief (« À Pierre, je lègue... » ; « De lui, je me souviens parfaitement » ; « O triste, triste était mon âme », Verlaine). Ils peuvent aussi être retardés par insertion d'éléments adventices : « Je poursuivais jusque sur le talus qui, derrière la haie, montait en pente raide vers les champs, quelque coquelicot perdu, quelques bluets restés paresseusement en arrière » (Proust ; ici, il ne s'agit pas de créer un suspens, mais de retracer les impressions et les perceptions dans l'ordre où elles se présentent).

▌ Phrase et syntaxe

• Phrases non verbales

Il s'agit de phrases n'ayant pas pour noyau un verbe à un mode personnel.

Nous faisons entrer dans cette catégorie non seulement les phrases à noyau nominal au sens strict, mais aussi les phrases à noyau adjectival ou adverbial.

---

1. L'antéposition d'un groupe nominal COD est pratiquement impossible.

Ces phrases peuvent comprendre un seul élément (on parle de **monorhème**), thématique (« Mon vélo ! ») ou prédicatif (« Volé ! »), ou deux éléments (on parle de **dirhème**), l'un thématique, l'autre prédicatif (« Mon vélo, volé ! », « Incapable, moi ? »). Ce type de phrase associé à la modalité exclamative est le plus émotionnel, le plus proche du cri.

Lorsque les phrases nominales s'allongent ou s'accumulent, en modalité exclamative, elles sont la marque d'une phrase poétique le plus souvent de type lyrique, comme dans cet exemple de *Belle du Seigneur* d'A. Cohen : « Lendemains, chers attendus, merveille toujours nouvelle de se faire belle pour lui, de se faire beau pour elle, ô retrouvailles, hautes heures, intérêt d'être ensemble, de se parler interminablement, d'être parfaits et admirés, hostiles interruptions du désir, doux ennemis se mesurant, voulant s'atteindre. »

Mais en modalité assertive, la phrase nominale sert à noter une sorte de liste de détails dans un texte descriptif ; ainsi, on la rencontre dans les didascalies du théâtre : « Scène comme au premier acte. Willie invisible. Winnie enterrée jusqu'au cou, sa toque sur la tête, les yeux fermés […]. Sac et ombrelle à la même place qu'au début du premier acte. Revolver bien en évidence à droite de la tête » (Beckett) ; on la trouve aussi dans le texte romanesque, avec le même rôle de notations descriptives : « La chambre à coucher du couple Deume […]. Une odeur composite de camphre, de salycilate de méthyle, de lavande, et de naphtaline. Sur le dessus de la cheminée, une pendule en bronze doré, surmontée d'un soldat porte-drapeau mourant pour la patrie » (A. Cohen). L'absence d'actualisation personnelle et temporelle, la juxtaposition des notations qui induit une vision subjective et impressionniste, permettent aussi à de telles phrases d'être souvent utilisées par des romanciers contemporains comme A. Cohen ou N. Sarraute pour traduire le flux d'un discours intérieur fictivement libéré des contraintes de la communication.

• **Phrase simple** *vs* **phrase complexe**

Une phrase verbale ne comportant qu'une seule proposition est dite **phrase simple** ; une phrase comportant plusieurs propositions est dite phrase complexe ; la **phrase
complexe** se réalise soit par **juxtaposition asyndétique** (« Je
le vis, je rougis, je pâlis à sa vue », Racine), marquant une
accumulation, voire une gradation ou bien parfois une forte
opposition binaire, soit par **coordination** (nuance selon le
sémantisme du coordonnant ; voir le paragraphe sur les connecteurs dans le chapitre sur le lexique), soit par **hypotaxe**,
c'est-à-dire au moyen de mots subordonnants.

La phrase simple est en général associée à une vision du
monde qui se veut immédiate, pour ainsi dire sans commentaire : elle peut donc marquer l'objectivité et convenir particulièrement à la focalisation externe, ou bien au contraire
être une sorte d'expression litotique, la retenue de l'expression renforçant le pathétique ou du moins l'émotion en
faisant plus appel à la subjectivité du récepteur ; c'est une
forme de preuve pathétique (voir dans le chapitre II de la
première partie le paragraphe sur la rhétorique). C'est pourquoi on la trouve aussi bien dans des textes de lyrisme
familier que dans des pages fortement pathétiques ou d'une
ironie incisive (la phrase simple participant à la création
d'une fausse distanciation).

La phrase complexe peut donner le sentiment de la même
transparence apparente que la phrase simple, en particulier
si elle procède par juxtaposition ou par coordination ; mais
elle est en outre favorable aux phénomènes d'énumération,
d'accumulation et d'anaphores ou d'hypozeuxes de toutes
sortes ; on sera particulièrement attentif aux phénomènes
d'asyndète (absence de liaison par coordination) ou au
contraire de polysyndète (excès de coordination : voir le chapitre sur les figures). En revanche, la phrase complexe par
hypotaxe donne en général une vision plus complexe des
choses ; elle correspond souvent au style de l'analyse ou de

l'argumentation. Deux types d'organisation sont particulièrement remarquables : la phrase peut être organisée en **escalier**, chaque proposition développant une expansion subordinative qui développe elle-même une nouvelle expansion subordinative, etc. ; elle peut aussi être à **ramifications**, chaque proposition gouvernant plusieurs subordonnées (la structure se développe comme les branches d'un arbre) :

> À une autre question, elle a répondu qu'il était vrai qu'elle devait m'épouser. […] Le procureur a remarqué d'un air indifférent qu'il lui semblait que c'était le lendemain de la mort de maman. (Camus ; phrases en escalier)
>
> Mais ces soirs-là, où maman en somme restait si peu de temps dans ma chambre, étaient doux encore en comparaison de ceux où il y avait du monde à dîner et où, à cause de cela, elle ne montait pas me dire bonsoir. (Proust ; phrase à ramifications)

• **Figures de construction**

Cette approche stylistique de la syntaxe phrastique ne doit pas omettre de relever les figures de construction étudiées dans le chapitre précédent, en particulier celles qui portent sur une manipulation syntaxique : **l'anacoluthe, le zeugma, l'hyperbate par rallonge, l'aposiopèse, la parenthèse** (insertion d'un élément adventice qui commente le propos principal, elle marque un décrochement énonciatif), **l'épanorthose, la gradation et l'antithèse** (ces trois dernières figures sont macrostructurales). Il faudra aussi être attentif aux figures de construction fondées sur la répétition, quand elles affectent la structure de la phrase : **l'anaphore** (et ses variantes **l'épiphore et l'antépiphore**), **l'anadiplose, la concaténation** et **l'épanode**.

II. Architecture de la phrase

❱ Physionomie générale : phrase brève *vs* phrase longue ; la période ; d'une phrase à l'autre

Il s'agit de répérer si l'ensemble du passage est constitué de phrases longues ou bien au contraire de phrases brèves, et de noter si certaines phrases, par leur longueur différente, sont en contre-marquage par rapport à l'ensemble du texte ; ainsi, dans *Bajazet* de Racine, on connaît l'opposition saisissante entre le long plaidoyer de Bajazet et la réplique cinglante de Roxane, « Sortez ».

La motivation de la longueur des phrases est à chercher dans l'énonciation, dans le type ou le genre de texte, en liaison avec sa facture et avec les figures, en particulier macrostructurales (par exemple l'amplification joue souvent un rôle important dans les phrases longues).

Un type de phrase longue est particulièrement intéressant : c'est la **période** ; dépassant souvent le cadre d'une phrase unique au sens restreint du terme, on peut la définir comme un ensemble phrastique fortement structuré par l'hypotaxe ou par la coordination ou bien encore par des figures de répétitions qui jouent en fait le rôle de coordination ; la période peut être oratoire, mais elle est surtout une expression qui joue sur une tension constante entre analyse et synthèse :

> Voilà, dit-on, ce que c'est que l'homme ! Et celui qui le dit, c'est un homme ; et cet homme ne s'applique rien, oublieux de sa destinée ; ou s'il passe dans son esprit quelque désir volage de s'y préparer, il dissipe bientôt ces noires idées ; et je puis dire, Messieurs, que les mortels n'ont pas moins de soin d'ensevelir les pensées de la mort que d'enterrer les morts mêmes. (Bossuet)

Enfin, on étudiera comment on passe d'une phrase à l'autre : y-a-t-il des connecteurs[1] ou bien des figures de

---

1. Voir chapitre sur le lexique.

répétition qui assurent le lien entre les phrases ? Ou bien au contraire, y a-t-il asyndète ? Ou bien observe-t-on le mélange des deux procédés ?

▶ Phrase linéaire *vs* phrase à parallélisme ; phrase liée *vs* phrase segmentée

• Phrase linéaire *vs* phrase à parallélisme

La **phrase linéaire** progresse sans redoublement de poste fonctionnel : un seul sujet, un seul COD par verbe, des propositions subordonnées de fonction différente.

La **phrase à parallélisme** présente au contraire un ou des redoublements fonctionnels. Suivant le nombre de constituants mis en parallélisme les uns avec les autres, on parle de parallélisme binaire, ternaire, quaternaire, etc.

Cet extrait de *L'Espoir* de Malraux comporte une première phrase à parallélisme (trois parallélismes binaires) et une seconde phrase linéaire (nous soulignons en italiques les parallélismes[1]) :

> *Obsédés par les pierres du sentier, ne pensant qu'à ne pas secouer les civières*, ils avançaient *au pas, d'un pas ordonné et ralenti à chaque rampe* ; et ce rythme accordé à la douleur sur un si long chemin semblait emplir cette gorge immense où criaient là-haut les derniers oiseaux, comme l'eût emplie le battement solennel des tambours d'une marche funèbre.

• Phrase liée *vs* phrase segmentée

La **phrase liée** déroule ses constituants en suivant strictement la règle de la séquence progressive, et sans interruption entre ses constituants.

La **phrase segmentée** connaît au contraire des bouleversements dus à l'inversion de l'ordre des constituants (séquence régressive) ou à l'insertion d'éléments adventices (parenthèses, compléments circonstanciels, structures appo-

---

1. L'ensemble du passage proposé constitue une période.

sitives[1]) ou à des structures syntaxiques de thématisation (mécanisme de dislocation : *Pierre, il aime le chocolat ; il aime le chocolat, Pierre ; le chocolat, Pierre, il aime ça*).

Dans la citation de *L'Espoir*, la première phrase est segmentée par les structures appositives (ici des épithètes détachées) qui créent un effet d'attente du groupe verbal, et par « *d'un pas ordonné et ralenti à chaque rampe* » : ce second membre de parallélisme est aussi une hyperbate-épanode. La seconde phrase est au contraire linéaire.

L'exemple de Malraux présente donc une phrase à parallélisme et segmentée, et une phrase linéaire et liée. On peut très bien avoir les combinaisons inverses : phrase à parallélisme et liée, phrase linéaire et segmentée, comme le montrent ces autres exemples sélectionnés dans le même texte :

À mesure que la gorge approchait de Linares, le chemin devenait plus large.

[Phrase linéaire, puisqu'il n'y a pas de redoublement fonctionnel, et segmentée par antéposition de la subordonnée ciconstancielle.]

On commençait à entrevoir Linares au fond de la gorge, et les civières se rapprochaient les unes des autres.

[Phrase à parallélisme binaire, puisqu'on a deux propositions indépendantes coordonnées, et liée, puisque les constituants sont disposés selon l'ordre de la séquence progressive et sans interruption entre constituants interdépendants.]

• **Représentation de l'architecture phrastique**

On peut, pour plus de clarté, schématiser l'architecture et la structure syntaxique d'une phrase. On signale :
– par des décrochements les dépendances syntaxiques suprasyntagmatiques (propositions subordonnées et

---

1. Par opposition aux fonctions d'épithète ou de complément de détermination, les constructions appositives introduisent une prédication seconde.

structures appositives ; on peut ainsi visualiser les structures en escalier ou à ramifications) ;
– par des croix les limites des segmentations (numéroter les croix quand il y a plusieurs segmentations) ;
– par une disposition verticale et des accolades les parallélismes.

Par exemple :

X1 ⌐ Obsédés par les pierres du sentier,

└ ne pensant qu'à ne pas secouer les civières, X1

ils avançaient ⌐ au pas,

X2 └ d'un pas ⌐ ordonné
                    └ et ralenti à chaque rampe X2

ou bien, pour ces phrases de Camus :

Le procureur a remarqué X d'un air indifférent X

qu'il lui semblait
que c'était le lendemain de la mort de maman.

Puis il a dit X1 avec quelque ironie X1

⌐ qu'il ne voudrait pas insister sur une situation délicate
├ qu'il comprenait bien les scrupules de Marie
├ MAIS X2 (et ici son accent s'est fait plus dur) X2
└ que son devoir lui commandait de s'élever au-dessus des convenances.

• **Interprétation stylistique de l'architecture phrastique**

L'architecture phrastique doit être située par rapport à l'énonciation et par rapport au type de texte ; ainsi l'énonciation de discours sera souvent associée à la segmentation ; en revanche, le récit objectif présentera une phrase plus volontiers liée ; le texte lyrique sera propice aux phrases à parallélisme ; le texte analytique aura peut-être davantage recours à des phrases linéaires et segmentées ; le texte descriptif fonctionnant fréquemment par accumulation utilisera des phrases à parallélisme et segmentées notamment par de nombreux circonstants. D'autre part, toutes les segmentations et tous les parallélismes n'ont pas la même ampleur ni la même importance : ainsi, dans les deux phrases de Camus, la segmentation par insertion d'une parenthèse est très marquée ; en revanche, les deux autres segmentations portant sur des compléments circonstanciels sont beaucoup moins fortes, parce qu'ils ne sont pas isolés par une virgule et qu'ils ne créent qu'une assez faible attente.

L'architecture phrastique est aussi à mettre en relation avec les figures : par exemple, dans la dernière phrase citée de Camus, la figure de concession[1] est mise en œuvre grâce au connecteur MAIS qui instaure un parallélisme binaire qui se superpose au parallélisme ternaire, donnant ainsi une allure oratoire à l'ensemble.

III. Mélodie et rythme de la phrase

▶ Mélodie

La mélodie de la phrase dépend de sa modalité.

• En modalité assertive, la voix monte, puis redescend après avoir passé un sommet appelé **acmè**, quand on atteint la complétude syntaxique et sémantique (c'est-à-dire, dans une séquence progressive, lorsqu'on atteint le complément essentiel ; l'acmè est très exactement sur la dernière syllabe accentuée[2] qui le précède : « Je veux lire en trois **jours** l'*Iliade* d'Homère » (Ronsard) ; « l'*Iliade*, je la lis en trois jours » ; « je la lis en trois **jours**, l'*Iliade* »). En cas de subordonnée antéposée, ou, plus largement, en cas de segmentation, l'acmè se trouve sur la dernière syllabe de celle-ci : « S'il fait **beau**, je

---

1. Figure macrostructurale de second niveau (lieu) par laquelle le locuteur feint d'accorder un point à son interlocuteur pour exiger de lui un recul sur un point en réalité beaucoup plus important.
2. Rappelons qu'en français, l'accent tombe sur la dernière syllabe non muette : tou**jours**, litté**ra**ture.

me promènerai » ; « Comme tou**jours**, il arrivera avec retard ».

• En modalité interrogative, l'acmè porte sur le mot interrogatif en interrogation partielle : « **Quand** lirai-je Homère ? » (mélodie descendante) ; « je lirai Homère **quand** ? » (mélodie montante). En interrogation totale, l'acmè est placée comme en modalité assertive, mais la voix remonte à la fin de la phrase (acmè secondaire) : « as-tu **lu** l'*Iliade* d'**Homère** ?

• En modalité exclamative, l'acmè porte sur le mot le plus affectif, sur lequel porte le contenu émotionnel : « **Malheureux** que tu es ! »

▌ Rythme

Le terme de rythme d'une phrase recouvre plusieurs acceptions, l'une qui concerne la prosodie, l'autre les cadences.

• Rythme et prosodie

À côté de l'accent de mot, le français a des accents de groupe ; c'est le nombre de syllabes séparant le retour de ces accents de groupe qui détermine le rythme prosodique ; lorsque l'on observe des régularités dans le nombre de syllabes séparant le retour des accents de groupe, on a de la **prose cadencée** :

> Le flux et reflux de cette eau (5+3 syll.), son bruit continu (5 syll.), mais renflé par intervalles (7 syll.), frappant sans relâche mon oreille et mes yeux (5+6 syll.), suppléaient aux mouvements internes que la rêverie éteignait en moi (9+9 syll.), et suffisaient pour me faire sentir avec plaisir mon existence (9+7 syll.), sans prendre la peine de penser (7 syll.). (Rousseau)

En poésie, la non-coïncidence de l'accent de groupe avec un accent rythmique du vers (pour l'alexandrin, les accents rythmiques sont à l'hémistiche et à la fin du vers, sauf dans l'alexandrin ternaire qui a trois accents sur les quatrième,

huitième et douzième syllabes), crée une discordance stylistiquement importante à commenter : c'est l'enjambement qui
tend à effacer l'accent rythmique du vers et donc à le pro-
saïser, ou bien c'est le rejet ou le contre-rejet qui tend à
désarticuler le vers pour mettre fortement en relief le mot
rejeté ou contre-rejeté : « Tout en parlant ainsi, le Satyre
devint / **Démesuré**... » (Hugo).

• **Cadences**

L'**acmè** délimite une inflexion montante appelée **protase**
et une inflexion descendante appelée **apodose**.

En général, le français préfère la **cadence majeure** c'est-à-
dire dans laquelle l'apodose est un peu plus longue que la
protase.

Lorsque l'apodose est vraiment très longue par rapport à
la protase, on parle de phrase à traîne ; celle-ci est utilisée
pour exprimer le pathétique, ou, plus largement le subjectif :

> Mes yeux furent tout à coup frappés par de blanches épaules
> rebondies sur lesquelles j'aurais voulu pouvoir me rouler, des
> épaules légèrement rosées qui semblaient rougir comme si elles se
> trouvaient nues pour la première fois, de pudiques épaules qui
> avaient une âme et dont la peau satinée éclatait à la lumière comme
> un tissu de soie. (Balzac)

Cette phrase présente plusieurs acmès, mais l'une est plus
haute que les autres et détermine la cadence majeure : celle
sur « frappés ». On peut représenter ainsi la courbe mélo-
dique de la phrase :

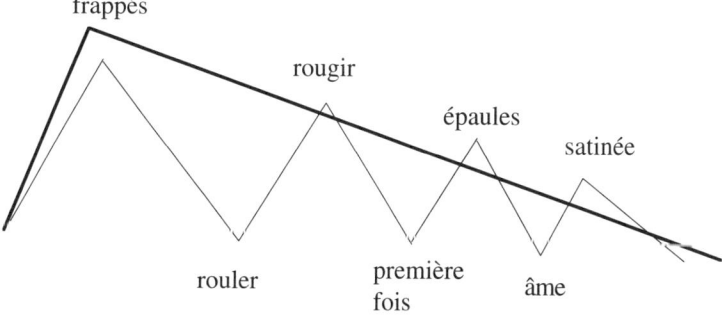

La **cadence mineure** correspond à une protase plus longue que l'apodose ; peu courante en français, elle est marquée ; elle crée ou souligne un effet de surprise ou une chute ; lorsque la disproportion entre protase et apodose est vraiment importante, on parle de phrase guillotine, l'apodose tombant comme un couperet :

C'était dans ce préau séparé de tous par les mitrailleuses, que la révolution, quel que fût son sort, quel que fût le lieu de sa résurrection, / / aurait reçu le coup de grâce. (Malraux)

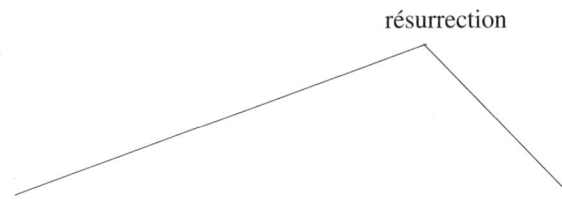

résurrection

Lorsque, comme ici, une très forte disproportion oppose la protase et l'apodose, on parle de **phrase scalène (majeure ou mineure)**.

La **cadence neutre** correspond à un équilibre entre la protase et l'apodose ; elle est aussi marquée, et se rencontre pour des proverbes (« Qui aime **bien**, châtie bien ») ou des formules plus ou moins sentencieuses.

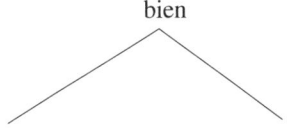

bien

N. B. : Le décompte des syllabes se fait différemment en prose et en poésie ; en prose, il n'obéit pas à des règles aussi strictes (dans certains cas, suivant le contexte et les besoins rythmiques, un E peut compter ou non) et il suit davantage les usages de la prononciation vivante. De même, on parle de cadence neutre (ou pratiquement neutre) même s'il y a une ou deux syllabes de différence entre protase et apodose.

En pratique…

Quelques principes peuvent guider une étude de la phrase :
– s'appuyer de manière essentielle sur la structure énonciative du texte. Quels types de phrases pour quel type énonciatif ?
– quel est l'ordre intrasyntagmatique dominant ? Quelles sont les expressions en contre-marquage de ce point de vue, et pourquoi ?
– du point de vue syntaxique, repérer, s'il y en a, les phrases non verbales ; étudier la proportion et l'alternance des phrases simples et des phrases complexes ;
– architecture phrastique : y a-t-il des récurrences, par exemple, segmentation en début de phrase, hyperbate, parallélismes binaires ?
– mélodie et rythme : on s'intéressera surtout aux cadences (majeure, mineure, neutre) : y-a-t-il des dominantes ? Étudier les phrases dont la cadence est en contre-marquage avec le reste du texte ; cependant, limiter cette étude à des phrases pas trop longues, car lorsque, du fait de la longueur de la phrase, les acmès se multiplient, il n'est plus toujours possible de dégager l'acmè la plus haute ;
– ne pas négliger les figures, microstructurales de construction et macrostructurales pour interpréter les formes de phrase.

Troisième partie

MISE EN ŒUVRE
DU COMMENTAIRE

1

Quelques conseils

I. Principes généraux

▶ Architecture générale

Le commentaire doit être organisé : il doit comprendre une introduction situant le texte (titre, auteur, époque, genre) et annonçant la problématique choisie ; puis l'analyse doit être divisée en deux ou trois grandes parties (pas plus de quatre), dont les titres, à la différence du commentaire composé littéraire, peuvent être apparents : il est conseillé de donner une teneur technique à ces titres (c'est une façon de s'obliger à rester dans le commentaire stylistique et de résister à la tentation d'un commentaire plus littéraire) ; comme le but de l'étude stylistique est une meilleure compréhension des textes, et comme son horizon est interprétatif, l'idéal est de choisir une problématique dont les parties soient à la fois techniques et interprétatives ; ces libellés peuvent être facilement trouvés soit par le biais d'une perspective générique (« les marques syntaxiques du lyrisme »), soit par le biais des isotopies (« l'isotopie de la douleur ») ou de la caractérisation, soit encore en s'appuyant sur l'étude de l'énonciation (« les marques de l'énonciaton autobiographique » ; « l'organisation des discours »). Il faut terminer par une conclusion qui soit un bilan de l'étude et fasse ressortir les enjeux littéraires du texte (montrer qu'il s'agit d'une forme-sens).

❭ Une forme-sens : les enjeux littéraires du texte

Il s'agit en gros de montrer comment le texte déborde de son statut générique visible a priori : par exemple comment un portrait a en réalité une fonction autre que simplement descriptive (ce peut être une conglobation, comme pour le portrait de Giton et de Phédon chez La Bruyère, une allégorie, un portrait déceptif, etc.) ; comment on passe de l'écriture autobiographique à l'écriture lyrique, comment tel passage de Voltaire mêle subtilement les caractéristiques du roman sensible et celles du roman philosophique, etc. Cela permet de dégager également l'enjeu sémantique du texte : une satire sociale, un portrait charge, une écriture du désespoir ; mais il s'agit toujours de montrer que le sens procède de la forme (il n'y a pas de sens sans forme et c'est la forme qui fait la spécificité de l'énoncé littéraire).

II. Traiter un sujet à libellé directif

Ce type de sujet est pratiqué lors de formations universitaires à la stylistique. Il s'agit de guider l'étudiant en restreignant ses recherches à un domaine (« étudier le lexique » ; « étudier la caractérisation ») ou à une problématique (« énonciation et caractérisation » ; « énonciation et phrase »).

▶ Utilisation des outils

En priorité, il faut utiliser les perspectives données dans la deuxième partie de ce livre, pour faire ses recherches ; on peut en particulier suivre les conseils donnés dans les encadrés « En pratique ».

En fonction du sujet et du type de texte, enrichir l'analyse par l'utilisation de notions exposées dans d'autres chapitres (c'est obligatoire quand on a à traiter de la caractérisation ou de la phrase qui impliquent forcément de s'intéresser aux figures, mais c'est également vrai pour une question comme le lexique : par exemple, a-t-on un lexique métaphorique ? Comment le lexique manifeste-t-il une énonciation polyphonique ?).

Mettre ce travail de stylistique purement technique en perspective grâce aux disciplines entrant dans le champ de la stylistique. En général, le lien avec des notions de rhétorique, de pragmatique et de sémiotique est très utile : pour l'étude du lexique, si l'on constate la présence de nombreux connecteurs, on pourra sans doute les interpréter grâce à la rhétorique (genres oratoires, lieux), grâce à la pragmatique (dimensions illocutoire et perlocutoire du texte), grâce aussi à la sémiotique (quels sont les termes qui signalent le début et la fin d'une description ? Comment s'organise lexicalement l'ancrage référentiel ? Y a-t-il reformulation du thème-titre ? Comment la structure du lexique — par exemple hyperonyme/hyponyme — réalise-t-elle l'aspectualisation ?). Enfin, du point de vue sémiostylistique, on pourra voir par exemple quel rôle joue le lexique dans le pacte scripturaire.

▶ Le travail au brouillon et l'élaboration du plan

Le travail au brouillon est donc un travail de relevés, d'une part de traits, de matériaux stylistiques, ordonnés selon la question posée ; par exemple, pour le lexique, un premier tri par champs lexicaux sémantiques ou par isotopie est souvent commode ; pour l'énonciation, la délimitation des passages de discours classés selon leur type, leur façon d'être introduits etc. est une bonne entrée. Au fur et à mesure que l'on fouille le texte, les perspectives doivent s'élargir et se préciser, les mises en relation avec d'autres points stylistiques et le recours aux disciplines du champ doivent se confirmer pour arriver à dégager les enjeux littéraires du texte.

À partir de là, on construira un plan en s'astreignant à rester technique, mais aussi à dégager la spécificité littéraire du texte. On essaiera de commencer par les remarques les plus évidentes pour terminer par les interprétations les plus complexes et les moins apparentes (par exemple on terminera en montrant le caractère allégorique d'un texte, ou bien en montrant la conglobation, etc.).

▶ La rédaction du commentaire

Le commentaire doit être rédigé : il ne faut pas user du style télégraphique ; néanmoins, les relevés restent des relevés ; inutile d'essayer de les noyer dans une phrase ! En revanche, il ne faut pas que le devoir soit une simple suite de relevés : chacun d'entre eux doit être commenté et interprété. Comme dans toute bonne dissertation, terminer en rédigeant l'introduction et la conclusion, celle-ci répondant à celle-là.

III. Traiter un sujet sans libellé directif

C'est le type de sujet proposé aux concours de recrutement et dans de nombreuses formations universitaires.

Pour traiter ce type de sujet, il faut faire confiance à sa sensibilité littéraire. Celle-ci, pour s'exercer, a besoin de se former grâce à une réelle **culture littéraire** : pour dégager la spécificité d'un texte, il faut être capable de le mettre en relation et de le comparer à de nombreux autres.

Ceci dit, il faut partir d'une **perspective générique et typologique** et chercher la **spécificité** du texte par rapport au genre ou au type dans lequel il s'inscrit ; si l'on travaille sur un auteur que l'on connaît (par exemple, dans le cadre d'un programme) on montrera également la spécificité du texte dans l'œuvre dudit auteur. On voit bien sûr l'importance des **disciplines rhétorique, pragmatique et sémiotique** pour cette entrée en matière. Dans cette perspective, on peut alors explorer au brouillon les divers **postes d'analyse** que nous avons parcourus : énonciation, lexique, caractérisation, figures, phrase.

Ces remarques doivent être ensuite ordonnées selon un **plan** qui suit les mêmes règles que pour le sujet à libellé (en particulier titres des parties et sous-parties clairement apparents).

Il doit permettre de montrer d'abord la construction, le mouvement du texte, en s'appuyant sur une étude de l'énonciation (comment évolue-t-elle au cours du texte ?) et de la progression du texte (cohésion, connecteurs). Puis, les différents postes d'analyse seront utilisés pour montrer en quoi le texte se réfère à tel type textuel puis en quoi il le transgresse, le modifie, ou le marie à d'autres types textuels. **Il est donc bien meilleur d'intégrer ces postes d'analyse à l'intérieur des parties et sous-parties que d'en faire des têtes de chapitre de son commentaire.** Le commentaire ne peut pas être exhaustif : il ne s'agit pas de passer forcément en revue tous les postes d'analyse, mais de dire les points les plus importants ; il faut également appuyer chaque point de sa démonstration par des exemples précis du texte. L'enjeu littéraire du texte reste donc la principale motivation du commentaire stylistique. L'introduction annonce clairement la problématique du commentaire dans cette perspective interprétative et la conclusion fait la synthèse des réponses apportées.

2

Applications

I. Libellé directif

▶ **Joseph Delteil, *Jeanne d'Arc* (1925)**

Le narrateur évoque Jeanne d'Arc enfant.

Ô petite nébuleuse rose encore prise dans la légère matière, déjà
chair et encore éther, amas de vie toute tremblotante dans tes glaires,
masse d'hydrogène ivre de condensation, doux grammes de plasma
ravis à l'impondérable Substance, structure venue du fond des
5 Siècles, lignes émanées du grand Tout, ô enfant d'homme, ô fleur de
son péché, ô signe de son immortalité !

Oui, corps encore corselet, chair encore incarnadine, enfant encore
enfantelette, mais déjà créature pourvue de son noyau, départagée
entre l'Esprit et la Matière, accessible de toutes parts à l'Assimilation,
10 âme sanguinolente et déjà femme éternelle, ô Être déjà et déjà Vie !

Hé quoi ! nul encore n'a songé à considérer Jeanne dans sa source
de chair ! Nul n'a compris que Jeanne, c'est par excellence l'Enfant,
et que l'Enfant, c'est de l'humain à l'état pur ! Hypnotisés par une
armure de fer, ils ont omis l'essentiel : l'éclosion simultanée, le
15 parallèle agrandissement de l'âme et du corps dans le moule de la
nature. Or, les plus fortes, les plus sûres racines de l'homme
plongent dans les molles veines de bébé.

Pour moi, c'est dans ton berceau, Jeanne, qu'il me plaît de
rechercher les signes de ta vie ; c'est dans ta naturelle enfance que je
20   place le sens et la base et la raison de ta surnaturelle grandeur !

▶ Étudier le lexique

- **Premières appréhensions du texte :**
  - texte lyrique ; prose cadencée ;
  - créativité verbale ;
  - syllepses de sens : *condensation* (l. 3) ;
  - figure dérivative : *corps/corselet* (l. 7) ; *enfant/enfantelette* (l. 7) ;
  - figure étymologique (un mot utilisé avec le sens de son étymologie) : *impondérable* (l. 4), *incarnadine* (l. 7) ;
  - vocabulaires spécialisés : physiologie, chimie, philosophie, religion, et en même temps vocabulaire poétique (lyrisme familier).

- **En marge du lexique :**
  - chiasmes : *ô Être déjà et déjà Vie* ! (l. 10) ;
  - hypallage : *âme sanguinolente et déjà femme éternelle* (l. 10) ;
  - figures de répétition.

- **Enjeu littéraire :**

  Texte qui appartient au genre démonstratif (dit aussi épidictique) : éloge enthousiaste de Jeanne ; particularité : éloge qui mêle un vocabulaire scientifique donc connoté de matérialisme et un vocabulaire religieux ; ce mélange se fait dans l'allégresse d'un lyrisme familier, presque naïf et empreint d'enfance.

- **Isotopies essentielles :**

  Isotopies de l'enfance (n'est-ce pas aussi le thème du texte : l'enfance de Jeanne ?), du miracle (l'homme à la fois matière et esprit), du messianisme.

• **Structure et progression du texte**

De type lyrique **et** argumentatif : du côté du lyrisme, on voit la progression se faire par les apostrophes et exclamations rhétoriques et par les figures de répétition (hypozeuxe et anaphores) à l'intérieur des trois parties ; du côté des connecteurs argumentatifs et de leurs « succédanés », on note le *or* de la ligne 16, le *pour moi* de la ligne 18 et les chiasmes.

❱ Indications de mise en forme

Introduction

Ce texte est tiré du début de la *Jeanne d'Arc* de J. Delteil, « biographie passionnée » selon ses termes, qu'il publia en 1925. Le texte déroute tout d'abord par le **mélange de registres** (ou vocabulaires) très différents, le tout lié dans un lyrisme débordant. Ce mélange est mis au service de l'éclosion d'une **isotopie du miracle du genre humain**, dont Jeanne devient l'emblème sublimé, à la fois matière et esprit. Mais la naissance de Jeanne est miraculeuse, parce qu'elle est celle qui porte à la lumière ce mystère de l'homme. En cela, elle renouvelle le message messianique : en effet, sans que jamais le nom du Christ ou de Dieu soit prononcé, on détecte bien une **isotopie du messianisme**.

I. Mélange de registres

1. Langue poétique

– Quelques lexies de la langue poétique : *nébuleuse, éther, incarnadine, éclosion.*

– Traits du lyrisme familier (allant jusqu'à l'hypocorisme) : diminutifs associés à des figures dérivatives et à des archaïsmes : *corps encore corselet* (*corselet* est un mot datant du XIIe siècle, diminutif de *corps*, qui désigne d'abord une cuirasse légère, puis un vêtement féminin qui serre la taille et se lace sur le corsage ; ici le mot est utilisé avec sa valeur étymologique) ; *incarnadine* : diminutif de *incarnat*, couleur de chair ; *incarnadin* signifie /incarnat pâle/ ; mot d'origine italienne, il a le même étymon latin que *chair*, avec lequel il forme une figure dérivative ; *enfantelette* diminutif et archaïsme. Le lyrisme familier s'exprime aussi par une isotopie du petit, du mignon (*petite, rose, doux, source, enfant, éclosion, bébé, berceau,* les diminutifs…).

– Métaphore hyperbolisante et euphorique*fleur de son péché* (métaphore in præsentia, dont le Ca antéposé est *enfant*).

– Ordre des mots : antéposition d'adjectifs habituellement postposés, qui prennent ainsi une valeur non classifiante, moins descriptive, et plus morale : *la légère matière, impondérable substance, les molles veines, ta naturelle enfance, ta surnaturelle grandeur.*

– Apostrophes rhétoriques.

2. Langue scientifique

– Vocabulaire de la physique : *nébuleuse, matière* (avec un *m* minuscule), *éther, masse d'hydrogène, condensation, grammes, impondérable* (figure étymologique), *structure, noyau.*

– Vocabulaire de la physiologie : *glaires, plasma, veines, chair, corps.*

3. Langue philosophique

De nombreux noms communs sont affectés d'une majuscule qui leur donne comme référent une entité unique et essentielle, d'ordre philosophique : *Substance, Siècles, grand Tout, Esprit et Matière, Assimilation, Vie, Enfant.* Les deux derniers cas sont de plus utilisés en syllepse de sens et en antonomase : la Vie, c'est le principe vital, mais c'est aussi une antonomase pour dire la « divinité » ; de même, l'Enfant, c'est à la fois l'archétype de tout enfant et une antonomase pour « Jésus ».

D'autres mots ou combinaisons syntagmatiques sont à relever : *déjà chair et encore éther, immortalité, créature, âme, éternelle, essentiel, de l'âme et du corps,* etc. La spécificité du texte tient à la manière dont J. Delteil fait se croiser ces registres a priori très hétérogènes : certains mots appartiennent à plusieurs vocabulaires (*nébuleuse, matière, enfant...*). Les phénomènes de caractérisation croisent ces différents vocabulaires : ainsi, l'antéposition poétisante des adjectifs joue particulièrement sur des substantifs appartenant à la langue scientifique ou philosophique (*impondérable Substance*) ; de même, les phénomènes de caractérisation non pertinente (alliances de mots : *ivre de condensation, amas de vie* ; hypallages : *doux grammes de plasma, âme sanguinolente et déjà femme éternelle*). Le texte est le lieu de rencontres langagières inattendues, de miracles langagiers.

II. L'isotopie du miracle : l'homme à la fois matière et esprit

1. Isotopie de l'instabilité, de l'intermédiaire, du passage :

– Isotopie de l'intermédiaire : par l'utilisation de *encore* et *déjà* en cooccurrence[1] soit en parallélisme, soit en chiasme (l. 1, 8, 10) ; par le sémantisme de *départagée, entre, Assimilation.*

– Isotopie du surgissement, de la naissance : *venue du fond, émanées, source, éclosion, agrandissement, berceau* ; cette isotopie passe aussi par la forme de la phrase, nominale et exclamative, frappée au coin de la spontanéité de l'émotion et de l'enthousiasme, et par le type de progression du texte, entre répétition et variation, grâce en particulier aux figures dérivatives qui font surgir un mot d'un autre mot.

---

1. En emploi simultané.

2. Isotopie de la fusion

– Alliances de mots concrets/abstraits : *impondérable substance* (syllepse de sens concret/abstrait sur *impondérable* — qu'on ne peut peser ; qu'on ne peut prévoir — et sur *Substance* — à la fois ce qui est permanent (*vs accident)* et ce qui existe par soi-même, le terme servant alors à désigner le principe divin —), *structure venue du fond des Siècles* (métonymie abstraite pour le concret), *signe de son immortalité* (le mot *signe* a un référent concret, le mot *immortalité* a un référent abstrait), *accessible de toutes parts* (concret) *à l'Assimilation* (abstrait), etc.
– Personnification :   *masse   d'hydrogène   ivre   de   condensation.*
– Typifications abstraites grâce aux majuscules sur des noms communs, grâce à des emplois emphatiques de l'article défini (*c'est par excellence l'Enfant)* et en même temps concrétisation du générique par l'emploi du partitif (*c'est de l'humain à l'état pur*).

III. L'isotopie messianique

1. Jeanne, un nouveau Messie ?

Pour Delteil, le destin exceptionnel de Jeanne est l'emblème de la particularité essentielle de l'homme, à la fois matière et esprit : Jeanne en est le type même, mais sublimé.
– Isotopie de l'humanité (comme le Christ fils de l'homme, Jeanne est fille de l'homme) : *enfant d'homme, l'Enfant, racines de l'homme, naturelle enfance.*
– Isotopie de la rédemption : *fleur de son péché, signe de son immortalité, femme éternelle, surnaturelle grandeur.*
– Isotopie de l'amour (la charité vertu chrétienne) : tout le vocabulaire hypocoristique.
– Isotopie de la ferveur :
    - dans l'expression lyrique, avec les apostrophes oratoires, l'approbation *oui* qui ouvre le second para-

graphe, l'exclamation familière *hé quoi* qui ouvre le troisième paragraphe et l'utilisation de la première personne *pour moi* pour débuter le dernier paragraphe ;
- dans l'isotopie euphorique qui apparaît avec toutes les expressions du haut degré.

2. Une éloquence démonstrative (ou épidictique)

Ce texte lyrique est aussi le texte d'une éloquence militante : il s'agit de convertir le lecteur au messianisme de Jeanne, et donc d'en faire le **panégyrique** ; mais ce panégyrique reste empreint d'humour et de tendresse : les isotopies de la grandeur et de la petitesse traversent l'ensemble du texte (faire le relevé lexical de ces deux isotopies est très facile), et sont constamment mêlées non pas dans un rapport d'antithèse mais dans une relation de **paradoxe** (rappelons que l'antithèse et le paradoxe sont les deux grandes figures macrostructurales d'opposition) dont le point d'orgue peut être trouvé dans la dernière phrase (opposition entre *naturelle* et *surnaturelle*, entre *enfance* et *grandeur*, polysyndète *le sens et la base et la raison*).

Conclusion

C'est un texte dans lequel le lexique est extrêmement travaillé et recherché. Travaillé, dans sa disposition qui ménage sans cesse des rencontres étonnantes entre des registres spécialisés ou entre concret et abstrait. Recherché, car nombre de ces mots sont savants, ou bien utilisés dans leur sens premier, voire étymologique, bref de façon archaïsante. Or, malgré cette complexité lexicale, l'auteur sait donner une tonalité très vivante, empreinte d'un lyrisme paradoxalement familier à un passage dont l'enjeu est en réalité démonstratif : donner un sens nouveau et exemplaire au destin de Jeanne d'Arc. La littérarité singulière du texte est donc construite par une recherche lexicale qui croise des déterminations génériques différentes.

▶ Charles Baudelaire, *Que diras-tu ce soir...* (*Les Fleurs du Mal*, 1861)

Que diras-tu ce soir, pauvre âme solitaire,
Que diras-tu, mon cœur, cœur autrefois flétri,
À la très-belle, à la très-bonne, à la très-chère,
Dont le regard divin t'a soudain refleuri ?

– Nous mettrons notre orgueil à chanter ses louanges :
Rien ne vaut la douceur de son autorité ;
Sa chair spirituelle a le parfum des Anges,
Et son œil nous revêt d'un habit de clarté.

Que ce soit dans la nuit et dans la solitude,
Que ce soit dans la rue et dans la multitude,
Son fantôme dans l'air danse comme un flambeau.

Parfois il parle et dit : « Je suis belle, et j'ordonne
Que pour l'amour de moi vous n'aimiez que le Beau ;
Je suis l'Ange gardien, la Muse et la Madone. »

▶ Étudier les figures du lyrisme

• Éléments de correction

Introduction

Dans ce sonnet, Baudelaire chante son amour et sa reconnaissance à la femme aimée et divinisée. Il traite ce thème éminemment lyrique de façon originale en instaurant un dialogue sur le plan énonciatif entre lui-même et lui-même et en donnant la parole à la femme absente. Les figures macrostructurales sont donc à la base de tout le lyrisme de ce texte. Ces figures macrostructurales s'appuient sur des figures microstructurales, telles que la métonymie, qui permettent à ce faux dialogue d'exister ; enfin, d'autres figures microstructurales habituelles dans un texte lyrique et surtout de lyrique amoureuse apparaissent, en particulier les figures de répétition, les métaphores et les comparaisons.

I. Figures macrostructurales d'allocution fondant le lyrisme du texte

Ce sont des figures qui instaurent une situation de dialogisme[1] alors que nous avons l'actualisation fondamentale caractéristique du lyrisme (discours de soi à soi sur soi).

– apostrophe rhétorique (*pauvre âme solitaire, cœur autrefois flétri*) ;
– interrogation oratoire dans toute la première strophe ;
– prosopopée de la *pauvre âme* dans le second quatrain et le premier tercet (voir le tiret qui indique une prise de parole), et du *fantôme* de la femme aimée dans le dernier tercet ;
– personnification de l'*âme* et du *cœur*.

Elles s'appuient (sauf la prosopopée du fantôme) sur les métonymies-synecdoques de l'âme et du cœur qui sont en fait des parties du JE lyrique dédoublé. De même, on note la figure microstructurale de l'énallage de temps, car le futur (*diras*) est en réalité un présent ; mais il hyperbolise la figure macrostructurale d'antithèse entre présent et passé (représenté par le passé composé).

D'autre part, la « réponse » développée à partir du v. 5 achève de personnifier ce qui n'est en fait que la métonymie-synecdoque du JE. Figure macrostructurale d'emphase du NOUS qui, certes, reprend grammaticalement *âme* et *cœur*, mais qui, puisqu'il s'agit toujours du JE, devient solennel, surtout avec l'isotopie de l'hymne qui se développe ici (*orgueil, chanter, louanges*).

Solennité de la prosopopée du dernier tercet accentuée par le contre-rejet de *j'ordonne*, mis ainsi en relief.

---

1. Figure par laquelle on crée un faux dialogue dans lequel le locuteur fait les demandes et les réponses. C'est un moyen d'animer ou de pathétiser un discours.

II. De la lyrisation amoureuse à l'allégorie

1. Les figures de répétition

Toujours importantes dans un texte lyrique, les figures de répétition transcrivent le ressassement de l'ego. Ici, ces répétitions sont associées à des constructions en parallélisme particulièrement oratoires (hypozeuxes), avec prédominance d'un rythme ternaire. Elles sont aussi associées à la figure macrostructurale de gradation (v. 3, 6-8, 14 : *Ange, Muse, Madone*).

2. La thématique amoureuse

• **divinisation de la femme aimée :** antonomase (v. 3 *la très-belle, la très-bonne, la très-chère* ; le trait d'union rapproche ces expressions de l'antonomase connue *le Très-Haut*) qui assimile la femme à la Vierge jusqu'à la chute du sonnet qui se termine par ce mot de *Madone*. La ferveur est motivée par un miracle suggéré :

– par la figure microstructurale de la métaphore filée de la fleur fanée puis refleurie (métaphore adjectivale comprenant le Cé et le motif, mais non le Ca) : renversement de l'image ronsardienne de la femme-fleur épanouie destinée à se faner ;

– par la métonymie de l'*œil* (pour le regard) au v. 8 et la métaphore in præsentia *habit* (Ca) *de clarté* (Cé), métaphore filée débutée avec *revêt* ;

– par la série des oxymores : *douceur de son autorité, chair spirituelle, parfum des Anges* (+ hypallage = « sa chair parfumée a la spiritualité des Anges ») ;

– par l'hyperbole et par l'amplification ;

• **paradoxe** d'une femme sensuelle mais guide spirituel : thématisation de la danse (v. 11) et paronomase (*dans l'air danse*).

• **Déesse platonicienne et chrétienne de la Beauté** ; les figures de l'allégorie :

- figure dérivative : belle/Beau ; amour/aimiez ;
- paraphrase, voire expolition du v. 3 et du v. 14 : le christianisme et le platonisme se trouvent réconciliés dans ce mot de « Beau ». Ainsi, la métaphore de la femme-Madone, filée discrètement au long du texte, s'exprime clairement dans le dernier vers (métaphore in præsentia).

• Mais aussi, on note la dépersonnalisation de la femme qui devient une **allégorie du Beau** ; l'Ange gardien est alors la métaphore de la vertu morale, la Muse celle de l'inspiration poétique et la Madone celle de la ferveur spirituelle.

Le poème prend donc un autre sens, totalement allégorique : il n'est plus un simple hymne d'amour, mais un hymne au travail poétique et à l'idéal qu'il suppose, idéal toujours poursuivi, d'où la métaphore-symbole du fantôme et la comparaison avec le flambeau, symbole du soleil platonicien de la Beauté.

Conclusion

Les figures du lyrisme amoureux sont dépassées par une allégorie qui fait de ce texte un hymne à l'art du poète : l'actualisation fondamentale du lyrisme n'a donc jamais été aussi présente ! La littérarité du texte se concentre dans ce jeu de trompe-l'œil sur le destinataire et sur le sujet du poème.

II. Libellé non directif

▶ Victor Hugo, *Ruy Blas,* acte I, scène 1 (1838)

Don Salluste vient d'annoncer à Gudiel qu'il est renvoyé de la cour pour avoir refusé d'épouser une suivante de la reine avec laquelle il avait eu une liaison.

GUDIEL

23   Nul ne le sait encor, monseigneur.

DON SALLUSTE

                                    Mais demain !
       Demain on le saura ! — Nous serons en chemin.
25   Je ne veux pas tomber, non, je veux disparaître !

       (Il déboutonne violemment son pourpoint.)

              – Tu m'agrafes toujours comme on agrafe un prêtre !
       Tu serres mon pourpoint, et j'étouffe, mon cher !

       (Il s'assied.)

              Oh ! mais je vais construire, et sans en avoir l'air,
              Une sape profonde, obscure et souterraine !...
30   — Chassé ! —

       (Il se lève.)

GUDIEL

              D'où vient le coup, monseigneur ?

DON SALLUSTE

                                    De la reine.
       Oh ! je me vengerai, Gudiel ! — Tu m'entends !
       Toi dont je suis l'élève et qui depuis vingt ans
       M'as aidé, m'as servi dans les choses passées,
       Tu sais bien jusqu'où vont dans l'ombre mes pensées,
35   Comme un bon architecte, au coup d'œil exercé,
       Connaît la profondeur du puits qu'il a creusé.
       Je pars. Je vais aller à Finlas, en Castille,
       Dans mes états, — et là, songer ! — Pour une fille !
       Toi, règle le départ, car nous sommes pressés.
40   Moi, je vais dire un mot au drôle que tu sais.
       À tout hasard. Peut-il me servir ? Je l'ignore.
       Ici jusqu'à ce soir je suis le maître encore.
       Je me vengerai, va ! Comment ? Je ne sais pas ;
       Mais je veux que ce soit effrayant ! — De ce pas
45   Va faire nos apprêts, et hâte-toi. — Silence !
       Tu pars avec moi. Va.

▶ Faire l'étude stylistique du texte

• Premières appréhensions du texte

– Un dialogue.

– Une scène d'exposition : qu'y apprend-on ? Personnages ? Action ?

– Une scène d'exposition : une série d'interrogations : la scène d'exposition doit en effet soulever autant de questions qu'elle en résout ; ici cette fonction est parfaitement traduite par l'isotopie de l'incertitude, avec l'abondance de la modalité interrogative, avec le champ sémantique du complot (*sape profonde, obscure et souterraine / sans en avoir l'air / ombre / puits / songer / pensées*) et avec le champ lexical notionnel de l'ignorance (*je l'ignore, je ne sais pas* et même *à tout hasard*).

– Personnages : hiérarchie manifeste dans les désignations (*Don* est un titre dont est privé Gudiel) et dans l'utilisation de la modalité jussive par Don Salluste à l'égard de Gudiel.

– [Approche pragmatique] : correspondance entre la hiérarchie sociale et la hiérarchie dialogale : « place » (terme d'analyse conversationnelle) dominante pour Don Salluste (voir la disproportion de volume entre les répliques).

– Structure du texte : [approche rhétorique] cette exposition est aussi un texte qui relève du genre oratoire délibératif (Don Salluste prend la décision de se venger) ; on retrouve la structure oratoire : exorde (v. 23-27 posent le problème), narration (réduite au v. 30, fortement détaché et mis en relief par son découpage entre trois répliques), la décision de vengeance (v. 31-46).

– Le caractère délibératif du texte est souligné par la figure macrostructurale de second niveau (lieu) du dialogisme (v. 41 et 43) et par l'utilisation d'une structure phrastique très hachée : monorhèmes prédicatifs (*Chassé !* ; *Pour une fille !* ; *Silence !*), hyperbates (v. 38 *et là, songer*, v. 41 *à tout hasard*), discordances entre phrase et vers (rejet interne de *hâte-toi,* de *effrayant,* etc., trimètres, régulier v. 38, irrégulier v. 41, dislocation de l'alexandrin 30, nombreuses coupes aussi fortement marquées que des césures, v. 37, 41, 46), rupture de la progression thématique dans les v. 26-27 et 30.

– Caractère oratoire des métaphores filées de la sape et de la comparaison avec l'architecte.

– Mais en même temps extrême affectivité : ces images construisent une isotopie dysphorique du gouffre et des ténèbres (*profonde, obscure, souterraine, profondeur, creusé, puits*).

– Mélange d'oratoire et d'affectivité dans l'abondance des phrases en modalité exclamative.

– Affectivité soulignée et mise en scène par l'agitation physique décrite dans les didascalies et par la multiplicité des interventions [analyse conversationnelle] au sein du même tour de parole et surtout du même alexandrin (v. 23, 30, 38, 41, 43).

– Ce mélange est au service d'une isotopie de la catastrophe.

– Expression du haut degré : figure macrostructurale de l'hyperbole (*toujours, j'étouffe, effrayant*) et figure macro-structurale de l'amplification (expolition : *profonde, obscure et souterraine* ; paraphrase du v. 25 par 28-29, 31 et par l'ensemble des v. 31-46 qui donnent des détails sur la disparition de Salluste.

– Importance des didascalies : affichage du système énonciatif (affichage de la présence du scripteur et du système de double énonciation théâtrale). Trait du drame romantique, par opposition à la tragédie classique.

– Répartition des didascalies : concentrées dans la première réplique de Don Salluste, quand il n'a pas encore pu exprimer toute sa haine, c'est-à-dire désigner son ennemie, la reine. Cette réticence contribue à créer une tension dramatique.

– Contenu des didascalies : elles décrivent les gestes du personnage principal Don Salluste ; elles visent à ancrer davantage le personnage dans une réalité matérielle (importance donnée au pourpoint) et dans sa corporéité (cf. *il s'assied / il se lève*). Encore un trait du théâtre romantique.

Ces didascalies entretiennent un rapport sémantique fort avec le dialogue : ainsi, le *il déboutonne violemment son pourpoint* sert à établir la référence de *Tu m'agrafes toujours comme on agrafe un prêtre*, en décrivant la situation immédiate à laquelle se réfère cet énoncé.

De manière plus dramatique, les deux autres didascalies servent à marquer les moments essentiels de la délibération du personnage : *il s'assied* correspond à la fin de l'exorde : la situation d'humiliation absolue est atteinte, l'accablement est complet ; *il se lève* correspond au début de la narration qui conduit bien sûr à la décision d'une stratégie de vengeance.

– Mélange des niveaux de langue : trait du drame romantique hugolien par opposition à la tragédie classique ; quelques traits de niveau de langue seraient inacceptables, comme le terme de *pourpoint* désignant une réalité trop triviale pour une tragédie classique, ou bien surtout le substantif *fille* employé ici de manière péjorative ou bien encore le mot *drôle* réservé au XVIIᵉ au vocabulaire de la comédie.

• **Éléments de correction**

Introduction

L'extrait est tiré de la première scène du **drame romantique** *Ruy Blas*, pièce écrite en 1838 par Vicor Hugo ; il s'agit d'une scène de dialogue entre Don Salluste de Bazan et son confident Gudiel ; Ruy Blas, laquais de Don Salluste est absent de cette partie de la scène ; il est apparu au tout début de celle-ci, en domestique muet obéissant aux divers ordres de son maître Salluste, et est sorti de scène.

Le passage à étudier s'appréhende donc d'abord comme une **scène d'exposition** à travers un dialogue entre un personnage principal et son confident, ce en quoi la pièce s'inscrit dans la tradition classique, ce dialogue permettant de **connaître la situation, de présenter certains personnages et enfin d'engager l'action**, ici la vengeance de Salluste (c'est un des titres auxquels avait songé Hugo pour sa pièce), grâce à une **tirade s'inscrivant dans le genre délibératif**. Mais par ailleurs cette scène s'éloigne radicalement de l'esthétique de la tragédie classique, d'abord par l'abondance des **didascalies**, affichage répété du phénomène de double énonciation qui préside à l'illusion théâtrale et volonté d'incarner plus matériellement les personnages, de leur donner plus de vérité et moins d'idéalisme (d'où la recherche du mélange des genres). Enfin, le texte se démarque de la tragédie classique par sa façon d'exprimer la démesure : l'isotopie de la démesure passe en effet non seulement par le choix du lexique mais aussi par une **esthétique de la rupture, rupture des canons de la phrase et du vers**.

I. Une scène d'exposition sous forme de dialogue

1. Le statut des personnages : manifestations langagières de leur hiérarchie

2. Une scène d'exposition « classique »
– Une scène informative : les personnages et les raisons de la crise.
– Une scène d'exposition : l'engagement de l'action.
– Une scène d'exposition : une série d'interrogations.

3. Un texte oratoire :
– Un texte délibératif.
– Structure du texte.

II. Du classicisme au romantisme

1. Les didascalies
– Enjeu actantiel des didascalies : la parole du scripteur.

– Affichage de la double énonciation.

2. *Une esthétique de la rupture*
– De l'oratoire à la subjectivité triomphante : structure phrastique, expression du haut degré, amplification.
– Multiplication des interventions.
– Isotopies dysphoriques de la démesure et de la catastrophe.
– Mélange des niveaux de langue.

Conclusion

Le texte, tout en répondant aux exigences dramaturgiques classiques de l'exposition, affiche nettement ses ruptures avec la tragédie classique et met en œuvre une autre esthétique, celle du drame romantique, dominée par la mise en scène de la subjectivité triomphante, que ce soit celle des personnages ou celle du scripteur ; la stylisation est recherchée dans l'alliance d'une affirmation et d'une manifestation directes de la présence du corps, d'une dimension pragmatique essentielle et d'une esthétique de la démesure.

Bibliographie

Pour chaque sujet, les ouvrages sont présentés par ordre de difficulté croissante.

PREMIÈRE PARTIE

Chapitre 1

Pour connaître l'histoire de la stylistique, on pourra se référer utilement à :

G. MOLINIÉ, *La Stylistique,* « Que sais-je ? », PUF, 1989 (Chapitre I, « Histoire de la stylistique »).

D. COMBE, *La Pensée et le style,* Éditions universitaires, 1991.

Chapitre 2

Grammaire :

F. MERCIER-LECA, *Trente questions de grammaire française,* « Cahiers 128 », Nathan, 1998.

H.-D. BÉCHADE, *Syntaxe du français moderne et contemporain,* PUF, 1993.

D. DENIS et A. SANCIER-CHATEAU, *Grammaire du français,* Livre de Poche, 1994.

M. RIEGEL, J.-C. PELLAT, R. RIOUL, *Grammaire méthodique du français*, PUF, 1994.

M. ARRIVÉ, F. GADET, M. GALMICHE, *La Grammaire d'aujourd'hui*, Flammarion, 1986.

Rhétorique :

G. MOLINIÉ, *La Stylistique*, « Que sais-je ? », PUF, 1989 (Chapitre I, 1 ; et chapitre III, 4).

G. MOLINIÉ, *Dictionnaire de rhétorique*, Livre de Poche, 1992 (en particulier l'introduction et les tableaux synoptiques qui la suivent et qui donnent une présentation très claire de la tripartition oratoire et de ses enjeux).

J. GARDES-TAMINE, *La Rhétorique*, « Cursus », Colin, 1996.

M. PATILLON, *Éléments de rhétorique classique*, « Université », Nathan, 1990.

G. DECLERCQ, *L'Art d'argumenter. Structures rhétoriques et littéraires*, Éditions universitaires, 1992.

ARISTOTE, *La Rhétorique*.

Poétique :

M. AQUIEN, *Dictionnaire de poétique*, Livre de Poche, 1993.

D. FONTAINE, *La Poétique, introduction à la théorie générale des formes littéraires*, « 128 », Nathan, 1993 (très utile et très dense petit livre).

G. GENETTE, *Figures III*, Le Seuil, 1972 (référence fondamentale pour tous les problèmes de focalisation et de discours rapportés) et *Nouveau discours du récit*, Le Seuil, 1983.

M. BAKHTINE, *Esthétique et théorie du roman*, Gallimard, 1978 (particulièrement le chapitre « Du discours romanesque »).

ARISTOTE, *La Poétique*.

Intertextualité :

P.-M. de BIASI, « Intertextualité (théorie de l') », in *Encyclopædia universalis*.

A. C. GIGNOUX, *Initiation à l'intertextualité*, Ellipses, 2005.

N. PIÉGAY-GROS, *Introduction à l'intertextualité*, Dunod, 1996.

G. GENETTE, *Palimpsestes*, Le Seuil, 1982.

M. RIFFATERRE, *Sémiotique de la poésie*, Le Seuil, 1983.

Linguistique :

Pour une présentation globale de la linguistique :

V. SCHOTT-BOURGET, *Approches de la linguistique*, « 128 », Nathan, 1994.

O. SOUTET, *Linguistique*, « Premier cycle », PUF, 1995.

Pour une approche directement utilisable en stylistique :

D. MAINGUENEAU, *Éléments de linguistique pour le texte littéraire*, Dunod, dernière édition, 1993 (extrêmement utile).

Linguistique de l'énonciation :

E. BENVENISTE, « L'appareil formel de l'énonciation », in *Problèmes de linguistique générale II*, Gallimard, 1974, p. 79-88 (l'article fondateur de l'intérêt porté à l'énonciation).

D. MAINGUENEAU, *L'Énonciation en linguistique française*, « Supérieur », Hachette, 1991 (d'accès facile ; traite personnes et déictiques, les temps de l'indicatif, le discours rapporté).

M. PERRET, *L'Énonciation en grammaire du texte*, « 128 », Nathan, 1994 (un peu plus détaillé que le précédent sur certains points ; traite en outre de la référence, des déterminants et de l'anaphore).

C. KERBRAT-ORECCHIONI, *L'Énonciation. De la subjectivité dans le langage*, Colin, 1980 (Ouvrage de référence, faisant une synthèse complète des recherches sur la question).

Pragmatique :

D. MAINGUENEAU, *Pragmatique pour le discours littéraire*, Dunod, dernière édition, 1997 (fondamental).

D. MAINGUENEAU, *Les Termes clés de l'analyse du discours*, « Mémo », Seuil, 1996 (Sous forme de lexique ; très utile).

C. KERBRAT-ORECCHIONI, *La Conversation*, « Mémo », Le Seuil, 1996.

C. KERBRAT-ORECCHIONI, *L'Implicite*, Colin, 1986 (fondamental).

P. BLANCHET, *La Pragmatique, d'Austin à Goffmann*, « Références », Bertrand-Lacoste, 1995 (présentation générale de la pragmatique, de la philosophie à la sémiotique).

C. KERBRAT-ORECCHIONI, *Les Interactions verbales*, 2 tomes (surtout tome 1), Colin, 1990 et 1991 (ouvrage de référence, plus difficile que les précédents).

Sémiotique :

A. HÉNAULT, *Histoire de la sémiotique*, « Que sais-je ? », PUF, 1992.

J.-F. JEANDILLOU, *L'Analyse textuelle*, « Cursus », Colin, 1997.

G. MOLINIÉ et A. VIALA, *Approches de la réception*, PUF, 1993 (en particulier « Théorie de la sémiostylistique », p. 9-61).

G. MOLINIÉ, *Sémiostylistique. L'effet de l'art*, PUF, 1998.

J.-M. ADAM et F. REVAZ, *L'Analyse des récits*, « Mémo », Le Seuil, 1996.

J.-M. ADAM, *Le Récit*, « Que sais-je ? », PUF, 1984.

P. HAMON, *Du descriptif*, Hachette, 1993.

J.- M. ADAM, *La Description*, « Que sais-je ? », PUF, 1993.

P. HAMON, « Stylistique de l'ironie », *in* G. MOLINIÉ et P. CAHNÉ, *Qu'est-ce que le style*, PUF, 1994, p.148-158.

P. HAMON, *L'Ironie littéraire, essai sur les formes de l'écriture oblique*, Hachette, 1996.

DEUXIÈME PARTIE

Sont vivement recommandés les manuels de stylistique suivants, sur lesquels s'appuie abondamment cet ouvrage, et dont les références pourraient être rappelées pour chaque chapitre[1] :

J. GARDES-TAMINE, *La Stylistique*, « Cursus », A. Colin, 1992. Manuel d'initiation, d'accès aisé pour aborder la discipline, en particulier sous un angle générique.

G. MOLINIÉ, *Éléments de stylistique*, PUF, 1991. Fondamental.

G. MOLINIÉ, *La Stylistique*, « Premier cycle », PUF, 1993. Ces deux manuels sont à lire plus ou moins simultanément (chapitre par chapitre !) : *La Stylistique* est un manuel pour les étudiants de premier cycle s'appuyant sur les *Éléments de stylistique*.

---

1. Nous recommandons en outre la récente *Initiation à la stylistique* de B. Buffard – Moret (« Topos », Dunod, 1998), petit manuel très facile d'accès.

C. FROMILHAGUE et A. SANCIER, *Introduction à l'analyse stylistique*, Bordas, 1991. Livre extrêmement riche, et d'une grande clarté. Indispensable.

Un dictionnaire de stylistique est également utile :

J. MAZALEYRAT et G. MOLINIÉ, *Vocabulaire de la stylistique*, PUF, 1989.

Chapitre 1

G. MOLINIÉ, *La Stylistique*, « Premier cycle », PUF, 1993, p. 7-56 et p. 165-189.

Chapitre 2

A. LEHMANN et F. MARTIN-BERTHET, *Introduction à la lexicologie*, Dunod, 1998, en particulier, la première partie « Sémantique lexicale », p. 9-90.

A. NIKLAS-SALMINEN, *La Lexicologie*, « Cursus », Colin, 1997.

I. TAMBA-MECZ, *La Sémantique*, « Que sais-je ? », PUF, 1988.

F. RASTIER, *Sémantique interprétative*, PUF, 1987.

F. RASTIER, *Sens et textualité*, PUF, 1989.

Chapitre 3

Outre les ouvrages déjà référencés à propos de la linguistique de l'énonciation, on lira :

D. MAINGUENEAU et G. PHILIPPE, *Exercices de linguistique pour le texte littéraire*, Dunod, 1997.

J. AUTHIER-REVUZ, « Repères dans le champ du discours rapporté », *L'Information grammaticale*, n° 55 et 56, octobre 1992, p. 38-42 et janvier 1993, p. 10-15. Article lumineux sur les discours rapportés et sur l'autonymie.

J. AUTHIER-REVUZ, « Hétérogénéité montrée et hétérogénéité constitutive, éléments pour une approche de l'autre dans le discours », *DRLAV*, n° 26, 1982, p. 91-151.

J. AUTHIER-REVUZ, « Hétérogénéité(s) énonciative(s) », *Langages* n° 73, mars 1984, p. 98-111.

O. DUCROT, *Le Dire et le dit*, Minuit, 1984.

P. LEJEUNE, *Le Pacte autobiographique*, Le Seuil, 1975.

D. RABATÉ (sous la direction de), *Figures du sujet lyrique*, PUF, 1996.

P. LARTHOMAS, *Le Langage dramatique*, PUF, 1990.

A. UBERSFELD, *Lire le théâtre* (surtout tomes 1 et 3), Belin, 1996.

Chapitre 4

G. MOLINIÉ, *Éléments de stylistique française*, *op. cit.*, p. 3-52.

G. MOLINIÉ, *La Stylistique*, « Premier cycle », *op. cit.*, p. 77-95.

J. GARDES-TAMINE, *La Stylistique*, *op. cit.*, 62-64.

Chapitre 5

Outre le *Dictionnaire de rhétorique* de G. Molinié, sur lequel s'appuie en grande partie notre présentation, voir :

C. FROMILHAGUE, *Les Figures de style*, « 128 », Nathan, 1995. Un ouvrage remarquable par les interprétations stylistiques proposées pour chaque figure étudiée.

B. DUPRIEZ, *Gradus. Les procédés littéraires*, 10/18, 1980. Un dictionnaire très utile, très complet, donnant les diverses acceptions d'un même terme, et donc un peu touffu.

H. MORIER, *Dictionnaire de poétique et de rhétorique*, PUF, 1981.

P. FONTANIER, *Les Figures du discours*, Flammarion, 1977. Un classique qui date de la première moitié du XIXe siècle.

Chapitre VI

F. DELOFFRE, *Stylistique et poétique françaises*, SEDES, 1974. Voir le chapitre 9, qui étudie un passage de *L'Éducation sentimentale*.

C. STOLZ, « Esthétique de la phrase dans *Belle du Seigneur* : la phrase de récit », *in Cahiers Albert Cohen*, n° 8, septembre 1998, p. 271-299 ; « Esthétique de la phrase dans *Belle du Seigneur* : les discours », *ibid.*, p. 301-336.

J. HELLEGOUARC'H, *La Phrase dans* Les Caractères *de La Bruyère*, Atelier de reproduction des thèses, Université Lille III, 1975.

J. MOUROT, *Le Génie d'un style, Chateaubriand : rythme et sonorités dans les* Mémoires d'outre-tombe, A. Colin, 1974.

Pour les problèmes de discordance entre phrase et vers, voir :

B. BUFFARD-MORET, *Introduction à la versification*, « Topos », Dunod, 1997.

M. AQUIEN, *La Versification*, « Que sais-je ? » PUF, 1990.

J. MAZALEYRAT, *Éléments de métrique française*, Colin, 1974.

TROISIÈME PARTIE

Outre les nombreux exemples de commentaires stylistiques que l'on trouve dans les manuels cités en tête de la seconde partie, on peut lire :

J.-L. DE BOISSIEU et A.-M. GARAGNON, *Commentaires stylistiques*, SEDES, 1997. Cet ouvrage, plusieurs fois réédité, est devenu un classique. Indispensable.

A. HERSCHBERG-PIERROT, *Stylistique de la prose*, Belin, 1993. Un grand nombre de textes commentés en regard d'un exposé des notions. Livre très riche et stimulant.

M.-A. MOREL, G. PETIOT, R. ELUERD, *La Stylistique aux concours*, Champion, 1992. Livre riche qui fait correspondre dans une présentation originale les rappels de notion et des applications aux textes.

A.-M. PERRIN-NAFFAKH, *Stylistique, Pratique du commentaire*, PUF, 1989.

Index

Table des matières

Deuxième partie

POSTES D'ANALYSE

1 Introduction 77

2 Le lexique 81

3 L'énonciation littéraire 109

Troisième partie

MISE EN ŒUVRE DU COMMENTAIRE

2 Applications 193

Bibliographie 210

Index 217

Achevé d'imprimer en octobre 2006 par Normandie Roto Impression s.a.s., 61250 Lonrai
N° d'impression : 06-2523 - Dépôt légal : octobre 2006 - Imprimé en France